D1665247

Ingeburg Graf

Sven
und sein Freund
der Apfelbaum

Verlag Sera Print

Die Deutsche Bibliothek - CIP- Einheitsaufnahme

Text und Illustration: Graf, Ingeburg
Sven und sein Freund der Apfelbaum / Ingeburg Graf
Fischbach: Urchristliche Kirche e.V.
  Einheitssacht.:
  ISBN

1994
ISBN 3-926707-06-2
(c) Urchristliche Kirche e.V. Fischbach / Pfalz
Alle Rechte vorbehalten

Text und Illustration:
Sven und der Apfelbaum / Ingeburg Graf

Druck: Sera Print, Einhausen
Bindung: IVB, Heppenheim

Printed in Germany
1. Auflage

In Liebe widme ich dieses Buch meinen
Enkelkindern im Alter von 5 bis 18 Jahren

Sarah, Gina, Pierre, Michael, Alexander,
meinem kleinen , achtjährigen Freund
Sven - Christoph

und allen jungen und junggebliebenen Menschen,
die durch den geistigen Weg Sinn und Erfüllung
ihres Lebens finden wollen.

Inhalt

Vorwort

Wenn heutzutage Eltern überzeugte Christen sind oder sogar die geistchristliche Lehre vertreten, werden sie auch um eine vertiefte religiöse Erziehung ihrer Kinder bemüht sein. Doch da gibt es Schwierigkeiten.

Die religiöse Belehrung und Unterrichtung erfolgt überwiegend in der Schule im Religionsunterricht, im Kindergottesdienst und im Konfirmanden- oder Firmunterricht. Die Lehrer und Pfarrer sind in der heutigen Zeit aber weitgehend *"materialistisch"* eingestellt und hängen der modernen Theologie des Professors für Neues Testament an der Universität Tübingen Rudolf Buhlmann (gest. 1976) an. Für diesen war Christus nur ein normaler Mensch und Religionsstifter, aber keinesfalls der Sohn Gottes. Für ihn gab es auch keine Wunder und kein Fortleben nach dem Tod. Dieses Gedankengut hat weite Verbreitung, besonders unter den evangelischen Theologen, gefunden.

Die beiden großen Kirchen in Deutschland kümmern sich heute wenig um eine wirkliche Seelsorge in ihren Gemeinden, steigen dafür aber um so mehr in die Tages- und Parteipolitik ein. Pfarrer marschieren heutzutage in Amtstracht bei Politischen Protestmärschen in vorderster Reihe mit.

Um 1989 befragte der Religionslehrer des ev. Dietrich-Bonhoeffer-Gymnasiums in Hilden, Klaus Langer, im Rahmen seiner Doktorarbeit 145 Religionslehrer an gymnasialen Oberstufen in Hamburg. Nur 5% von ihnen verstanden ihre Arbeit im Unterricht als Glaubensverkündigung, und nur

45% fühlten sich noch positiv mit ihrer Kirche verbunden. 16% der Befragten verstanden sich nicht mehr als religiös und weitere 16% waren in dieser Frage unsicher. Unter den Pfarrern beider Kirchen mag die Lage zwar etwas besser sein, aber keinesfalls grundlegend anders. Viele betrachten sich doch mehr als Sozialarbeiter, denn als Glaubensverkünder oder wirkliche Seelsorger.

Das bedeutet, daß Eltern, wenn sie ihren Kindern christlichen Glauben und christliche Wertvorstellungen und eine Überzeugung vom Fortleben nach dem Tod vermitteln wollen, in vielen Fällen gegen den Religionsunterricht in Kirche oder Schule ankämpfen müssen. Das ist aber schwierig, weil Kinder das, was der Lehrer sagt, meist eher glauben, als das, was die Eltern sagen. Man kann seinem Kind zwar eine der üblichen Kinderbibeln in die Hand drücken und hoffen, daß es darin auch einmal liest, oder aber selbst ihnen daraus vorlesen. Doch die wirklich wichtigen Fragen werden in einer Kinderbibel auch nicht angesprochen. Andererseits kann man einem Kind von 7 bis 12 Jahren nicht gleich das Buch von Johannes Greber zu lesen geben. Damit wäre es hoffnungslos überfordert. Aber ein Märchenbuch kann zur Belehrung geeignet sein. Märchen, seien sie von Grimm, Bechstein oder Andersen, enthalten ja meist einen wahren Kern, der für Kinder in ein phantastisches Gewand gekleidet ist. Dieser Kern kann geschichtlich, naturkundlich oder religiös sein. Zum Beispiel berichtet das Märchen vom *"Mädchen ohne Hände"* über den verführerischen und fälschenden Teufel, über einen helfenden Engel, den Gott auf ein flehentliches Gebet hin gesandt hat,

10

und einen segensreichen Ausgang, wobei es am Schluß dann heißt: "Und sie lebten vergnügt bis an ihr seliges Ende."

Das Märchen, *"Das Tränenkrüglein"*, das über die Verzweiflung einer Mutter berichtet, die ihr einziges Kind durch den Tod verloren hat, ist sogar vollkommen wirklichkeitsbezogen. Das verstorbene Kind erscheint der trauernden Mutter als seliges Englein und zeigt ihr die in einem Krug gesammelten Tränen, die das Kind keine Seligkeit finden lassen. Das Märchen endet: "Damit verschwand das tote Kind, und die Mutter weinte hinfort keine Träne mehr, um de Kindes Grabesruhe und Himmelsfrieden nicht zu stören."

Das hier geschilderte kann sich tatsächlich so oder so ähnlich einmal abgespielt haben oder selbst heute noch stattfinden, auch wenn das ein moderner Mensch oder Theologe natürlich nicht glaubt. Wer als Elternteil seinem Kind Märchen vorliest, muß natürlich auf den wahren Kern hinweisen. Er kann es nur, wenn er selbst die religiösen und parapsychologischen Hintergründe kennt.

Nun muß man sich nicht nur auf Märchen aus dem vorigen Jahrhundert verlassen, sondern kann auch an Märchen aus der Jetztzeit denken. Hier hat die Verfasserin dieses Buches, Ingeburg Graf, eine bedeutsame Lücke geschlossen, indem sie christliches und geistchristliches Wissen in Märchenform gekleidet hat, die für ein Kind verständlich und nicht abstrakt und langweilig ist. Mögen also Eltern, die dieses Vorwort lesen, und für sie ist es gedacht, zu diesem Buch greifen und es ihren Kindern schenken und ihnen daraus vorlesen. Wenn sie dabei die notwendigen Erläuterungen geben, kann daraus eine sinnvolle Ergänzung und vielfach auch Korrektur des Religionsunterrichtes in Kindergottesdienst, Schule und Konfirmandenunterricht werden. So wünsche ich dem Buch eine weite und segensreiche Verbreitung.

Prof.Dr. rer. nat. Werner Schiebeler
Ravensburg, Oktober 1994

Lieber Gott hilf mir, daß ich nicht in die Schule gehen muß

Es war Frühling. Die ersten Sonnenstrahlen flirrten durch das Fenster und zauberten lustige Kringel auf die weiße Tischdecke.

Sven saß am Frühstückstisch und kaute verdrossen an seinem Brötchen. Ihm war elend zumute, und in seinem Bauch schien ein ganzer Sack voller Wackersteine versteckt zu sein. Geistesabwesend malte er mit seinem Finger die Kringel nach.

"Sven! Sve -en!!", ertönte die Stimme der Mutter aus der Küche. "Sven, beeil' dich, du mußt zur Schule, es ist höchste Zeit!"

Frau Jacobus betrat das Wohnzimmer, zog Sven den blauen Anorak über und half ihm, den Schultornister auf dem Rücken anzuschnallen. Dann schob sie ihn sanft zur Haustür des schmucken Fachwerkhauses hinaus, gab ihm noch einen Kuß und entließ ihn liebevoll: "So, aber nun los, mein Schatz, trödle nicht, sonst kommst du zu spät."

Sven schlurfte quer über den Rasen, winkte noch einmal der Mutter, dann klappte das schwere Gartentor ins Schloß.

Nun stand er auf der Straße, allein - und furchtbar einsam, und Angst hatte er auch, Angst vor der Schule, vor allem aber Angst vor seinem Lehrer. Seine Augen standen voller Tränen , als er an die Ereignisse der letzten Wochen dachte...

Herr Reinhold - im Stillen nannte er ihn Herrn Unhold - war eigentlich gar nicht <u>sein</u> Lehrer, er war nur die Vertretung für seine geliebte Klassenlehrerin, Frau Weiß, die schon seit drei Wochen krank war. Herr Reinhold war Klassenlehrer der 9a

13

und konnte mit den Drittklässlern nicht viel anfangen. Kindergarten, nannte er sie. Und wenn einer nicht aufpaßte, stand Herr Unhold sofort neben dem Schwatzpeter, nahm sein Ohr zwischen zwei Finger und drehte sein Ohrläppchen so lange, bis der arme Kerl mit schmerzverzerrtem Gesicht auf seinen äußersten Zehenspitzen stand. Und Sven hatte er schon zweimal an den Nackenhaaren gepackt und daran gezogen, daß Sven tausend Nadeln im Gehirn spürte. Die großen Jungen hielten das aus, aber die kleinen empfanden es als eine Tortur. Daß Sven Herrn Reinhold als Herrn Unhold bezeichnete, war nicht nur wegen dieser Ziepsereien, nein, Herr Unhold hatte Svens Schutzengel beleidigt - und das war das Schlimmste...

Herr Reinhold gab in der 3. und 4. Klasse Religion. Diese beiden Klassen waren aufgeteilt nach evangelischen und katholischen Kindern. Religion war eines der schönsten Fächer für Sven. Stundenlang konnte er zuhören, wenn von Gott und dem Herrn Jesus erzählt wurde, von den vielen Wundern, die er vollbracht hat und vor allem von den Engeln, die Jesus immer begleiteten. Sven stellte sich die Engel immer vor mit goldenen Locken, klein wie Kinder, mit knubbeligen Ärmchen und Beinchen, winzigen Flügeln, wie sie im Himmel herumschwirren gleich Vögeln in der Luft. Und wenn es einem Menschenkind schlecht geht, fliegt ein solches Engelchen zu ihm und tröstet es. Das sind dann die Schutzengel.

Sven dachte oft darüber nach. Ob das wohl wirklich wahr ist? Zweifel kamen ihm, aber er wagte niemanden zu fragen.

14

Eines Tages wurde ihm geholfen. Sven hatte einen wunderbaren Traum. Durch das Fenster trat eine weiße Gestalt, die eine gleißende Helligkeit im Zimmer verbreitete. Das Wesen trug ein lichtes, glänzendes, bis auf den Boden reichendes Gewand. Das Gesicht war überirdisch schön, und die Augen sahen voller Liebe auf Sven. Dann breitete das Wesen die Arme aus, ging ein paar Schritte rückwärts und war verschwunden.

Sven wachte auf mit einem unbeschreiblichen Gefühl von Wärme und Geborgenheit. Das war ein Engel, dachte er, - ich habe von meinem Schutzengel geträumt. Sven war ganz glücklich, denn nun wußte er, daß er einen richtigen, großen, starken Schutzengel hatte. -

Und wieder war eine Religionsstunde herangekommen, die Kinder harrten der Dinge, die da kommen sollten. Herr Reinhold erzählte von Jesu Geburt und von den himmlischen Heerscharen, die sangen und jubilierten, und es waren alles pausbäckige Engel mit Trompeten und Posaunen, die über der Krippe schwebten.

"Herr Reinhold, gibt es eigentlich Engel wirklich?" fragte ein kleines Mädchen.

"Sicher", antwortete Herr Reinhold, "genauso wie es in allen Märchen Elfen, Zwerge, Gnome, Feen, Hexen und Zauberer gibt, gibt es auch Engel", sagte er leichthin.

"Nein", fuhr Sven aufgeregt dazwischen, "es gibt Engel wirklich. Ich habe einen gesehen. Er ist groß und wunderschön, er hat ein glänzendes Kleid an, und er beschützt mich. Er ist immer da."

Herr Reinhold stutzte und sah Sven an.

"Hoffentlich ist er jetzt auch hier bei dir", sagte er etwas abfällig, drehte sich um und fuhr mit seinem Unterricht fort.

Am nächsten Tag fing der Unterricht mit Rechnen an. Sven wurde an die Tafel gerufen und mußte eine Rechenaufgabe anschreiben. Hilflos stand Sven vor dem Ungetüm, die Kreide in der Hand und schrieb in seiner Not Zahlen auf, die er selbst nicht verstand. Die Kinder fingen an zu lachen, und Sven wurde noch unsicherer.

"Naa", sagte Herr Reinhold, "ich denke, du hast immer einen Schutzengel bei dir, der dir hilft. Aber von Zahlen scheint er keine große Ahnung zu haben, oder..." fügte er ironisch dazu.

Das war zuviel. Sven stürzte auf seinen Platz und vergrub seinen Kopf in beide Arme. Er weinte. Alle Kinder lachten, sie konnten sich kaum halten.

Nur ein Mädchen lachte nicht. Wie erstarrt saß es in seiner Bank und hatte die Hände gefaltet. Miriam. Ihr blondes Haar fiel ihr bis auf die Schultern, keine Regung war in ihrem wachsbleichen Gesicht, nur die dunklen Augen hatte sie auf Sven gerichtet. Langsam stand sie auf, ging zu dem weinenden Jungen und legte ihm die Hand auf die Schulter. Mit klarer Stimme, die das Gelächter übertönte, sagte sie: "Herr Reinhold, Sven hat recht.Es gibt Schutzengel, richtige, wirkliche Schutzengel, - und ich habe auch einen. Er ist immer bei mir."

All diese Erinnerungen zogen an Sven vorbei auf dem Wege zur Schule. Sein kleines Herz krampfte sich vor Angst zusammen und ließ seine Schritte immer langsamer werden.

16

Die Straßen waren fast menschenleer. Entweder schliefen die Leute noch, oder sie waren bereits bei ihrer Arbeit, und die Schulkinder saßen längst in ihren Klassenzimmern.

Sven schaute auf seine Armbanduhr. Es war 7 Minuten vor Acht. Er zuckte zusammen, und seine Angst wurde noch größer. Nie schaffe ich bis acht Uhr den Unterricht, dachte er, der Weg ist ja noch endlos. "Lieber Gott, hilf mir, daß ich nicht in die Schule muß", betete er halblaut vor sich hin. Und da kam der rettende Gedanke: ich gehe einfach nicht zur Schule. Ich setze mich in den Park hinter ein Gebüsch und warte, bis die Schule zu Ende ist. Doch dann kamen die Gewissensbisse: was werden meine Eltern sagen, wenn sie das erfahren, ich brauch' doch eine Entschuldigung. Sven wurde hin- und hergerissen zwischen Schulegehen und Schwänzen.

Er war so mit seinen Gedanken beschäftigt, daß er gar nicht den kleinen Hund bemerkte, der neugierig an seinen Beinen schnupperte. Erst als ein zaghaftes "Wau -Wau" ertönte, sah Sven den kleinen Kerl, der sich vor ihn hinsetzte. Sein Fell war struppig und ungepflegt, als wenn er schon Tage herumstreunte. Ein Halsband trug er auch nicht. Aber seine braunen Knopfaugen sahen Sven so treuherzig an, daß er gleich an seine Kuscheltiere denken mußte, die zu Hause neben seinem Bett saßen.

"Dich müßte man in eine Waschmaschine stecken", sagte Sven, "du armes Kerlchen, du siehst ja schlimm aus." Ich glaube so etwas hören kleine Hunde gar nicht gern, zumal von einer Waschmaschine die Rede ist. Als Sven sich bückte, um das

Tier zu streicheln, machte es einen Satz und lief ein Stück weiter. Dabei sah Sven, daß sein rechtes Hinterbeinchen verletzt war, denn er hüpfte nur auf drei Beinen. Nun stand für Sven fest: ich muß den kleinen Hund fangen, denn er braucht dringend Hilfe.

Aber das war gar nicht so einfach. Immer wenn Sven den kleinen Kerl eingeholt hatte, machte er einen Satz und lief weiter, dann wartete er wieder auf Sven, und wenn Sven herangekommen war, begann das Spiel von vorn.

Der Hund lief immer schneller und schneller voran und Sven hinterher. Er wollte ihn nicht aus den Augen verlieren.

Und wieder setzte sich der kleine Kerl hin. Atemlos und schweißgebadet hatte ihn Sven eingeholt. Plötzlich hörte er die nahe Turmuhr acht schlagen. Im selben Moment schrillte die Klingel zum Unterricht. Erst jetzt wurde es Sven bewußt, daß er mitten auf dem Schulhof stand. Der Hausmeister, mit einem großen Schlüsselbund in der Hand, wollte gerade die Schultür abschließen und rief Sven zu, daß er sich beeilen sollte. Sven wollte sich von seinem kleinen Begleiter verabschieden, aber keiner war mehr da. Weder auf dem großen Schulhof, noch auf der Straße konnte Sven ihn erblicken. Der kleine Kerl war wie vom Erdboden verschwunden. Ihm blieb keine Zeit mehr zum Nachdenken, der Hausmeister rief energisch nach Sven. Schnell zwängte er sich durch die halb offen gehaltene Tür, rannte, was ihn die Beine tragen konnten, die Treppe hinauf zu seinem Klassenzimmer. Doch plötzlich blieb er wie angewurzelt

18

stehen. Fassungslos starrte er seine geliebte Lehrerin, Frau Weiß, an, die gerade im Begriff war, die Klassentür zu öffnen.

Alle Wackersteine, die er glaubte in seinem Magen gehabt zu haben, waren verschwunden, und glücklich setzte sich Sven auf seinen Platz.

Sven und Miriam schließen Freundschaft

Große Pause.

Die meisten Schüler tummelten sich bereits auf dem Hof. Sven hatte noch die Tafel wischen müssen und lief nun die Treppe hinunter. Da versperrte ihm Reiner den Weg. Reiner kam aus der 9. Klasse und war bekannt als Raufbold. Besondere Freude schienen ihm die Kleinen zu machen, die konnten sich am wenigsten wehren.

Als Sven sich an ihm vorbeidrängen wollte, packte er ihn am Ärmel.

"Na du kleiner Engelfreak", sagte er gehässig, "kannste auch fliegen?" In dem Moment stellte er Sven ein Bein. Er stolperte darüber, aber er konnte sich gerade noch am Geländer festhalten, sonst wäre er die ganze Treppe hinuntergefallen. Schnell rannte er weg. Er suchte Miriam, er mußte unbedingt mit ihr sprechen.

Hinten auf dem Schulhof entdeckte er sie. Sie saß auf ihrer Lieblingsbank und las Comics. Sven setzte sich zu ihr.

"Miriam", sagte er noch ganz aufgeregt, "weißt du, was ein Engelfreak ist?"

Aber Miriam wußte das auch nicht.

"Wieso?"

"Ach, Reiner aus der Neunten hat mich gerade gefragt, ob ich fliegen kann, und ich sei doch ein Engelfreak."

Da wurde ihnen klar, daß Herr Reinhold der Klasse von der Rechenstunde erzählt hatte.

"Finde ich fies", stellte Miriam fest. "Aber is' mir auch egal."

Doch egal war es beiden nicht. –

"Ich glaube an Engel", beharrte Miriam, "basta. Und wenn man an etwas glaubt, dann w e i ß man es - da drin. Das sagt meine Omi immer", und sie pochte mit ihrem Zeigefinger auf ihr Herz.

"Jetzt haben wir ein Geheimnis, Sven," stellte Miriam fest, "jetzt gehören wir zusammen."

"Geheimnis", sagte Sven gedehnt, "Geheimnis, - und die ganze Schule weiß es und lacht über uns."

"Trotzdem", verteidigte sich Miriam, "wir wissen, daß wir einen Schutzengel haben, der uns hilft und der uns lieb hat, und die anderen wissen gar nicht, wie schön das ist. Das ist doch ein Geheimnis, oder?"

Sven hörte zwar aufmerksam zu, aber sein Kopf drehte sich ständig in alle Richtungen. Er hoffte immernoch, seinen kleinen Hund wiederzusehen.

"Suchst du was?" fragte Miriam unvermittelt.

"N'ja, - nei -ein, n'ja," stotterte Sven, "ach heute morgen..."

Dann erzählte er Miriam seine Begegnung mit dem kleinen Hund.

"Sven", sagte Miriam nachdenklich, "du, Sven, ob du nicht den Hund treffen s o l l t e s t , damit du in die Schule kommst...?"

"Mmm", machte Sven, "daran habe ich noch gar nicht gedacht."

Ameli

Mit einem gellenden Schrei stürzte Sven aus dem Haus und jagte über den Rasen. "Ameli! Ameli! schrie er. "Scht - scht! Gehst du weg von meiner Ameli!"

Die schwarzweiß gefleckte Katze machte einen Satz über den Zaun und war in Nachbars Garten verschwunden. Nur ein kleines, schwarzbraunes Etwas hatte sie auf dem Rasen zurückgelassen.

"Ameli!" Sven beugte sich über die zerzauste Amsel, die blutend im Grase lag. Als sie Sven sah, richtete sie sich auf, als wolle sie zu ihm hüpfen, fiel aber sofort wieder um, vollständig verängstigt und entkräftet. Sven nahm sie behutsam in seine kleinen Hände und legte sie an seinen Körper. "Ameli, Ameli", stammelte er immer wieder. Die Amsel öffnete noch einmal ihre Augen, bittend sah sie den Jungen an, und Sven verstand, was sie ihm sagen wollte: Hilf mir. Kümmere dich um meine Jungen, da oben im Nest in der Hecke, neben dem Apfelbaum.

"Ameli!" Sven hauchte das Tier in seiner Verzweiflung an, als wolle er ihr Kraft geben. "Ameli, du sollst nicht sterben! Ameli!"

Aber die Amsel ließ das Köpfchen in seine Hand fallen und war tot.

Sven starrte auf das Tier. Seine Augen füllten sich mit Tränen. Plötzlich war ihm, als hörte er ein zartes Stimmchen an seinem Ohr:

Sei nicht traurig, Sven, alle müssen einmal sterben. Laß mich in meinen Vogelhimmel fliegen! Ich bin frei und glücklich, hier ist alles hell, unendlich weit und warm, und bei euch ist es so kalt und eng...

Weißt du noch, Sven, als du im letzten Winter dein selbstgebautes Vogelhäuschen vor das Fenster gestellt hattest? Dein Herr Reinhold hatte zwar gesagt, damit verscheuchst du alle Vögel - gemein, nicht wahr? - du warst ja auch ganz traurig darüber. Na ja, zuerst wußten wir alle auch nicht, was das Häuschen sollte, ja, bis eben dann der Winter einbrach. Die Nacht hatte es geschneit. Es war furchtbar. Wir zitterten vor Hunger und Kälte und suchten uns jeden kleinsten Unterschlupf. Der Schnee hatte alles zugedeckt, und wir waren auf euch Menschen angewiesen. Ja, und da sah ich dich zum erstenmal, Sven, als du Futter in das Häuschen streutest...

Ja, Ameli, ich erinnere mich gut. Zuerst kamen zwei Spatzen, dann eine Meise, und dann, ganz zaghaft, flogst du heran. Und dann kamst du jeden Tag, dreimal, früh, mittags und abends. Ich wartete schon auf dich. Und durch die Scheiben sprachen wir miteinander.

Du wurdest mir immer vertrauter, Sven. Weißt du noch, als du eines Tages das Fenster öffnetest, ganz vorsichtig, und alle anderen Vögel flogen aufgescheucht davon, nur ich blieb. "Ameli", hast du gesagt, und ich wußte, daß du mich meintest.

Ja, Ameli, und dann begann eine wundervolle Zeit für mich. Der Winter war zwar vorbei und du fandest überall Futter, aber du kamst immerwieder zu mir. Wohin ich auch ging, du warst immer in meiner Nähe, und wir konnten uns miteinander unterhalten. Und dann kam dein Amselhähnchen, du warst ganz aufgeregt...

24

O, Sven, wenn ich daran denke! Ja, ich war
verliebt! Mein Amselmännchen sah aus wie ein
Märchenprinz mit seinem wunderschönen Federkleid, das in der Sonne glänzte. Dann bauten wir
unser Nest, in der Hecke neben dem Apfelbaum,
und mein Männchen sang die herrlichsten Lieder für
mich und unsere Jungen...
  "Sven! Hallo, Sven!" Das Klappen einer Autotür
riß Sven aus seinen Gedanken. Der Vater kam über
den Rasen zu seinem Sohn und wollte ihn begrüßen,
aber der Junge rührte sich nicht. In der Hand hielt er
seine tote Amsel. -

Der Apfelbaum hatte sein schönstes Kleid an-
gezogen. Ein Meer von zartrosa Blüten leuchtete
gegen den blauen Himmel. Sven sah es kaum. Sein
Herz war so schwer. In eine Schachtel hatte er seine
Ameli gebettet, die er in ein großes Loch stellte, das
sein Vater ihm gegraben hatte, direkt unter dem
Apfelbaum. Dann schippte er das kleine Grab zu
und formte es mit seinen kleinen Händen zu einem
Hügel, so wie er es auf dem Friedhof gesehen hatte.
Sven war mit seinen Gedanken allein, als plötzlich
eine wunderschöne rosa Apfelblüte mitten auf das
kleine Grab fiel. Er sah in das Geäst des Baumes.
Da saß das Amselmännchen in seinem glänzenden
Federkleid und begann das schönste Lied zu singen,
was Sven je gehört hat. Dann ruckte das Tier das
Köpfchen hin und her, flog mit einem dschi-dschi
ganz nahe an Sven vorbei und verschwand in der
Hecke neben dem Apfelbaum.
  Nun wußte Sven, daß seine Amseljungen in
bester Obhut waren.

Der Apfelbaum, der sprechen kann

Es schlug sieben.

Sven saß mit seinen Eltern am Frühstückstisch. Herr Jacobus, Svens Vater, legte die Zeitung zur Seite und schaute auf die Uhr, während die Mutter Kaffee nachgoß.

"Noch zehn Minuten, dann geht's los," sagte der Vater zu Sven. "Ich muß noch schnell etwas für einen Kollegen besorgen, dann bringe ich dich in die Schule." Herr Jacobus war Abteilungsleiter in einem großen Betrieb und fühlte sich verantwortlich für alle seine Mitarbeiter.

"Ja, - ja", sagte Sven abwesend und steckte den Rest seines Brötchens in den Mund.

"Sag mal, Paps, gibt's eigentlich einen Vogelhimmel?"

Die Mutter lachte.

"Auf was für Gedanken kommst du bloß am frühen Morgen!"

"Nein, ich meine es ernst", beharrte Sven, "gibt es einen Vogelhimmel?"

Der Vater räusperte sich verlegen.

"Na, ja, - sicher, einen Himmel, ja, den gibt's sicher, - einen Vogelhimmel, mm, - das weiß ich nicht so genau, vielleicht", und um das für ihn peinliche Gespräch abzubrechen, sagte er entschlossen:

"Doch, ich glaube, es gibt einen, - aber darüber können wir uns ein andermal unterhalten, - komm, wir müssen jetzt gehen."

Diese Antwort hatte Sven jedoch überhaupt nicht befriedigt. Warum geben die Erwachsenen uns Kindern immer so dumme Antworten, wenn sie nicht weiterwissen, dachte Sven. Wenn ich bloß

26

jemanden hätte, den ich fragen könnte. -Aber dieser *Jemand* stand schon buchstäblich *vor der Tür*.

Als Sven aus der Schule kam, war sein erster Gang zu Amelis Grab unter dem Apfelbaum.

"Ich möchte nur wissen, ob es einen Vogelhimmel gibt", murmelte Sven vor sich hin, "Paps weiß es bestimmt nicht."

In diesem Moment geschah etwas Seltsames. Als ob ein Windhauch durch den Apfelbaum ging, bewegten sich die Äste, und plötzlich taumelten viele, viele zartrosa Blüten auf die Erde und bedeckten das kleine Vogelgrab. Sven schaute erstaunt hoch. Noch leise bewegten sich die Blätter. Man mußte genau hinschauen, um es deutlich erkennen zu können. Hörte er nicht auch ein leises Säuseln und Raunen? Was war das? Hatte da nicht jemand zu ihm gesprochen? Sven wurde es unheimlich. Am liebsten wäre er fortgelaufen, aber er konnte nicht. Wie angewurzelt blieb er stehen.

Sven war ein Junge wie jeder andere, vielleicht ein wenig sensibler. Zum Herumtollen war er immer aufgelegt, und Fußballspielen war seine große Leidenschaft. Aber jetzt...?

Gespannt hörte er in das Geäst.

"Sss - sss - sssven, du brauchst keine Angst zu haben. Ameli hat mir von dir erzählt. Es hat mich sehr gefreut, daß du sie gerade in meiner Nähe begraben hast. Ich möchte dein Freund werden, Sven, ich - der Apfelbaum.

In der Erde sind meine Wurzeln, meine Krone ist zum Himmel geöffnet, und ich werde gespeist von dem Licht das von oben her kommt. Ich kann dir deshalb viel erzählen."

Ein Apfelbaum, der sprechen kann, wunderte sich Sven. Kaum zu glauben.

"Du hast dich doch sicherlich schon gefragt, wieso du dich mit deiner Ameli unterhalten konntest", raunte der Apfelbaum. "Siehst du! Manche Kinder können das noch. Sie verstehen die Sprache der Tiere, der Pflanzen, sogar die Sprache der Steine. Erwachsene, die ein sehr gutes Herz haben, die können das auch. Sie sind besonders feinfühlig - man sagt auch m e d i a l ."

Sven packte die Neugier. Ob da nicht doch jemand im Baum saß, der ihn narrte? Er angelte sich den nächsten Ast, machte einen Klimmzug, stützte sich an dem Stamm ab, und schon war er auf dem Baum. Prüfend sah er sich um. Nichts. Nichts, was ihn foppen konnte. Und als er noch so unschlüssig im Geäst hing, erblickte er eine Gabelung, die aussah, wie ein bequemer Sessel. Dahinein setzte sich Sven. Umgeben von tausend Blüten fühlte er sich geborgen. Hier konnte er nachdenken. Am liebsten hätte er seinen Vater gefragt, ob Apfelbäume sprechen könnten. Aber er würde Sven wahrscheinlich auslachen oder wieder so drumherum reden, wie heute morgen mit dem Vogelhimmel. Und wenn Sven etwas nicht mochte, dann waren es Dinge, die die Erwachsenen immer verheimlichten oder eben - so drumherum redeten, weil sie es selber nicht wußten und sich auch gar keine Gedanken machten.

"Du, - Apfelbaum", vorsichtig flüsterte Sven die Worte in das Geäst, "du, lieber Apfelbaum, weißt du eigentlich, ob es einen Vogelhimmel gibt?"

Sven war ganz aufgeregt. Sein Herz schlug wie ein Hammer in seinem kleinen Körper. Er saß mucksmäuschenstill, nur seine Augen rollten nach allen Seiten und beobachteten die Umgebung. Ob der Apfelbaum seine Frage gehört hat?

Plötzlich wurde der Blütenduft um ihn herum viel intensiver, als er vorher je gewesen war, und Sven durchströmte ein Gefühl von großer Ruhe und Geborgenheit. Alle Spannung war verflogen. Und genau in diesem Moment hörte er ganz deutlich seinen Namen:

"Sven! - Ich danke dir, daß du meine Freundschaft angenommen hast. Wir brauchen euch Menschen, und ihr braucht uns. Deshalb will ich dir auch immer ein guter Freund sein. Du wirst es nicht bereuen. Komm zu mir, wann immer du willst."

So glücklich wie in diesem Moment war Sven noch nie in seinem ganzen Leben.

Sven hatte nicht bemerkt, daß dunkle Wolken aufgezogen waren. Die ersten dicken Tropfen fielen durch das Geäst.

"Ich glaube, du mußt ins Haus gehen, Sven", sagte der Apfelbaum. "Ich spüre, daß ein Frühlingsgewitter kommt, und das kann sehr heftig werden."

"Du hast mir noch nicht gesagt, ob es einen Vogelhimmel gibt, lieber Apfelbaum", sagte Sven enttäuscht.

"Es gibt einen Vogelhimmel, Sven. Und es gibt auch einen richtigen Himmel. Nur nicht, wie ihr Menschen euch das so vorstellt. Sei heute zufrieden mit dieser Antwort", tröstete der Apfelbaum Sven. "Ich werde dir später noch viel, viel davon erzählen. Nun leb' wohl, Sven. Gott behüte dich."

Ameli ist glücklicher, als du glaubst...

Es hatte die ganze Nacht in Strömen gegossen. Der Apfelbaum war traurig. Er hatte sein schönes rosa Kleid hergeben müssen, nur noch wenige Blüten schmückten ihn. Dafür aber waren die ersten grünen Blätter größer geworden, die später einmal die Früchte schützen sollten.

Es war bereits Nachmittag, als Sven endlich Zeit fand, zu Amelis Grab und zu seinem neuen Freund, dem Apfelbaum, zu gehen.

Da erlebte er eine böse Überraschung. Der Regen hatte den kleinen Hügel total weggeschwemmt. Sven lief schnell zum Schuppen und holte einen Spaten. Gerade als er den ersten Spatenstich tun wollte, hörte er ein Raunen im Baum.

"Halt, Sven, was machst du da?"

Sven schaute zu seinem Freund hinauf.

"Ich muß das Grab wieder herrichten. Siehst du nicht, wie das aussieht?" sagte Sven vorwurfsvoll. "Die arme Ameli, sie..."

"...die ist nicht arm", unterbrach ihn der Apfelbaum. "Laß das Grab Grab sein und komm lieber zu mir herauf!"

Sven lehnte den Spaten an den Zaun, und eins - zwei - drei - saß er in seinem Baumsessel.

"Du hast deine Ameli sehr geliebt", begann der Apfelbaum, "das kann ich wohl verstehen, Sven, und nun bist du traurig, daß sie nicht mehr zu dir kommt. Und was tust du? D u gehst jetzt zu ihr, weil du weißt , daß ihr kleiner Körper hier in der Erde vergraben ist", stellte der Apfelbaum fest. "So denken fast alle Menschen und vergessen dabei, daß

30

dieser Körper nichts mehr mit dem Wesen zu tun hat, was es einst im Leben war."

"Das ist schwer zu verstehen", warf Sven ein. "Meine Ameli liegt doch wirklich da in der Erde."

"Das stimmt schon", sagte der Apfelbaum , "aber eben nur der leere Körper, die leibliche Hülle."

"Was bedeutet das, - Hülle?" fragte Sven.

"Paß auf. - Denk mal an deinen alten Pullover, den grünen, mit dem Rollkragen. Der war so zerrissen und unansehnlich, daß du dich sträubtest, ihn noch weiter anzuziehen. Was hast du gemacht? Du hast ihn in die Mülltonne geworfen. Würdest du nun diesen Pullover jeden Tag an der Mülltonne besuchen?"

Sven lachte.

"Natürlich nicht. Dafür habe ich ja einen viel schöneren bekommen."

"Siehst du, Sven, und so ähnlich ist es mit deiner Ameli. Sie hat ihren alten Körper abgelegt und lebt nun mit ihrem geistigen Körper weiter, viel glücklicher, als du glaubst."

"Ist das bei uns Menschen genauso?" fragte Sven. Er wurde immer nachdenklicher.

"Sicher, bei euch Menschen ist das genauso", erwiderte der Apfelbaum.

"Wenn ich also sterbe, lege ich meine Hülle ab und gehe in eine geistige Welt", wiederholte Sven.

"Auch wenn ich sterbe", fuhr der Apfelbaum fort, "werde ich ein geistiger Apfelbaum werden."

"Ein geistiger Apfelbaum", wiederholte Sven. "Was ist eigentlich geistig? Ich kann mir darunter nichts vorstellen."

"Das ist auch nicht so einfach", sagte der Apfelbaum, "aber ich will versuchen, es dir zu erklären."

Sven holte tief Luft und setzte sich in seinem Baumsessel zurecht, damit er jedes Wort gut verstehen konnte. Für ihn war alles so neu und spannend, was der Apfelbaum erzählte.

"Alles, was du sehen und anfassen kannst", fuhr der Apfelbaum fort, "ist für dich Wirklichkeit. Du kannst mit deinen Fäusten auf den Tisch hauen, du kannst eine Blume pflücken, du kannst deinen Fußball kicken, du kannst dich selbst anfassen. Alles ist fest. Die Erwachsenen sagen: Das ist *Materie*."

"Dann bist du auch Materie?" warf Sven ein.

"Richtig. Ich bestehe aus Holz, und Holz ist genauso Materie. Alle Materie, auch Steine, ist mit Geist durchdrungen. Was ist Geist, fragst du. Ich will versuchen, es dir an einem Beispiel klar zu machen.

Du weißt, was Luft ist. Ohne Luft kann kein Lebewesen leben. Aber kannst du sie anfassen? Nein. Du kannst sie nicht anfassen, nicht riechen, nicht schmecken, nur einatmen. Sie ist da, und letztendlich bemerken wir sie kaum."

"Da hast du recht", sagte Sven, "über Luft habe ich noch nie nachgedacht."

"Siehst du, Sven, deshalb könnte man Luft mit etwas Geistigem vergleichen."

Sven wurde immer nachdenklicher.

"Demnach geht unser Fernsehen und das Radio und alles - durch die Luft. O, Apfelbaum, dann ist Luft ja ein richtiges Wunder!"

"Du magst recht haben, Sven, und das alles beruht auf Schwingungen. Die Lehre über

Schwingungen wirst du später noch in Physik lernen, es sind Naturgesetze. Und diese Naturgesetze hat uns Gott gegeben. Noch ist alles etwas verwirrend für dich. Nur eines solltest du dir merken: Materie und Geist gehören zusammen - das ist unsere Welt, unser Leben. Gott hat diese Welt geschaffen, und Gott hat uns unser Leben gegeben. Wir sind durchdrungen mit dem Geist Gottes. Und wenn wir sterben, das heißt also, unser materielles Kleid ablegen, gehen wir hinüber in die geistige Welt, nämlich in das Reich Gottes."

"Du hast vorhin gesagt, du wirst einmal ein geistiger Apfelbaum sein", überlegte Sven. "Dann werde ich mal ein geistiger Sven sein. Meinst du, daß ich dann genauso aussehe wie jetzt?"

"Ja", erwiderte der Apfelbaum, "dein Aussehen wird so sein wie zu dem Zeitpunkt, wo du von dieser Welt gehst, nur daß du dann ein Geistwesen bist."

"Dann ist meine Ameli jetzt auch ein Geistwesen?" fragte Sven.

"So ist es, Sven. - Aber ich glaube, für heute hast du genug gehört. Es wird schon dunkel, und deine Eltern machen sich um dich Sorgen."

Sven kletterte von dem Baum.

"Ich danke dir, lieber Apfelbaum. Mein Kopf kann alles gar nicht fassen, was du mir erzählt hast. Aber eines weiß ich: den Spaten brauch ich nicht mehr..."

Ich möchte gern wissen, wie der liebe Gott aussieht

"Sven, träumst du schon wieder!" Die tadelnden Worte von Herrn Reinhold drangen wie aus unendlicher Ferne an Svens Ohr. "Ich möchte nur wissen, wo du ständig mit deinen Gedanken bist."

"Beim lieben Gott", entfuhr es Sven. "Ich möchte gerne wissen, wie der liebe Gott aussieht."

Herr Reinhold stutzte. Diese Antwort hatte er nicht erwartet.

"In der Bibel steht", ging Herr Reinhold auf die Frage ein, "in der Bibel steht ganz klar: du sollst dir kein Bild von Gott machen. Glaube an ihn und bete, das ist für dich genug."

"Aber..." wollte Sven weiterfragen, doch Herr Reinhold schnitt ihm das Wort ab:

"Das gehört jetzt nicht hierher", und zu der Klasse gewandt sagte er kurz: "Nehmt die Religionsbücher heraus, schlagt auf - Seite 24."

Als Sven das Buch durchblätterte, stieß er plötzlich auf ein Bild, das ihn fesselte. Er sah einen gütigen alten Mann, mit grauen, etwas gelockten Haaren und einem grauen Bart, er trug ein weißes Hemd, das bis zu den Knien reichte. Seinen Arm hatte er ausgestreckt, um einem anderen Mann die Hand zu reichen. Sven las die Unterschrift :

Michelangelo - Erschaffung des Menschen (Genesis II 7) GOTT BERÜHRT ADAM.

"Herr Reinhold - Herr Reinhold! Sehen sie mal - hier! Hier ist der liebe Gott fotografiert", und Sven hielt ganz aufgeregt seinem Lehrer das Bild hin.

Herr Reinhold wurde ungeduldig.

"Das ist kein Foto", belehrte er Sven, "das ist ein Gemälde aus der Sixtinischen Kapelle in Rom."

"Aber das ist doch der liebe Gott", beharrte Sven."

"Jaa, ja", sagte der Lehrer ärgerlich", stell ihn dir meinetwegen so vor, - mach was du willst, - aber schlage jetzt endlich Seite 24 auf und fang an zu lesen."

Wieder keine richtige Antwort, dachte Sven. Mal soll man sich kein Bild von Gott machen, und dann wird er gemalt, und man soll ihn sich so vorstellen. Sven verstand die Welt nicht mehr.

An Religion verlor er so langsam die Lust. Sven dachte sehnsüchtig an seinen Freund, den Apfelbaum. Da konnte er fragen, da bekam er Antwort; und dort wurde er ernst genommen.

Die Heilige Geisterwelt Gottes

Sven kuschelte sich in seinem Baumsessel.

"Grüß dich Gott, Sven", raunte es aus dem Geäst. "Ich freue mich, daß du wieder zu mir gekommen bist."

"Und ich bin erst froh! Weißt du, der Unhold hat mich heute wieder geärgert."

"Wer ist Unhold?" Sven vermeinte ein heftigeres Rauschen im Baum zu vernehmen.

"Ach, der Reinhold", entgegnete Sven, "der ist immer so unwirsch."

Das Rauschen im Baum nahm zu, es hörte sich an, wie das Grollen eines Menschen. "Sven, bitte, nenn' deinen Lehrer nicht Unhold."

"Aaach, das ist doch nur mein Spitzname für ihn, weil er so unholdig ist."

"Trotzdem", sagte der Apfelbaum, "ein Unhold ist ein böser Geist, ein Teufel. Und so denkt man nicht von anderen Menschen."

Sven wurde ganz still, und das Rauschen hörte auf.

"Aber ich hab' doch eine ganz wichtige Frage, und Herr Reinhold geht gar nicht drauf ein", sagte Sven kleinlaut.

"Schieß los, Sven. Was hast du auf dem Herzen?"

"Wie sieht der liebe Gott eigentlich aus?"

"O, Sven", erwiderte der Apfelbaum, "das ist die schwierigste Frage, die du stellen kannst. Niemand auf der Welt hat Gott je gesehen. Gott ist Geist, Gott ist Licht, Gott ist Liebe, Barmherzigkeit, Güte, Gott ist der Schöpfer allen Lebens, die höchste Intelligenz, Gott ist unendlich, Gott ist weit und doch nahe, Gott ist um uns und in uns."

Sven hatte atemlos zugehört.

"Du siehst", fuhr der Apfelbaum fort, "man kann Ihn nicht erklären. Gott muß man e r f ü h l e n , und was das heißt, wird dir sicher durch unsere weiteren Gespräche klarer", schloß der Apfelbaum.

"Kann Gott eigentlich mit uns sprechen?" fragte Sven.

"Ja, das kann er. Nur muß man genau hinhören. Er spricht zu uns durch die Natur, er spricht zu uns durch unser Herz, und er spricht zu uns durch Seine Geisterwelt."

"G e i s t e r w e l t ?" wiederholte Sven gedehnt. Sven spitzte die Ohren.

"Geisterwelt - im Fernsehen habe ich Geister gesehen, so Geister, die durch die alten Schlösser spuken. Das ist so schön gruselig."

"Nein, Sven, die meine ich nicht, die gibt es zwar - auch davon erzähle ich dir noch - ich spreche von der H E I L I G E N G E I S T E R W E L T G O T T E S."

"Eine Heilige Geisterwelt Gottes, und so was gibt's", fragte Sven ungläubig.

"Ja, so etwas gibt es", bestätigte der Apfelbaum, "aber es gibt auch eine böse Geisterwelt. Ob gut oder böse, die Menschen tun das einfach als Märchen ab, sie lachen darüber. Das ist sehr traurig, denn sie schaden sich selbst. Würden sie sich mehr Gedanken darum machen, könnten sie viel glücklicher sein."

"Erzählst du mir bitte von dieser Geisterwelt?" bettelte Sven.

"Ein anderes Mal werde ich dir von den Geistwesen erzählen, die in Gottes Nähe sind und von

Wesen, die er zu uns schickt, um uns zu helfen, den Weg zu Gott zu finden."

Obwohl Sven voller Neugier war, kletterte er gehorsam vom Baum.

"O, lieber, lieber Apfelbaum", verabschiedete er sich, "ich danke, danke, danke dir."

"Danke nicht mir, Sven", sagte der Apfelbaum, "danke Gott..."

Geheimnisse sollte man lieber für sich behalten

Frau Weiß stand vor ihrer Klasse und hörte sich die Aufsätze an, die die Kinder als Hausaufgabe aufbekommen hatten.

"Miriam", forderte die Lehrerin diese auf, "lies mal deinen Aufsatz vor!"

Während Miriam las, hingen Svens Augen versonnen an dem Mädchen. Er war stolz auf Miriam. Seit dem Vorfall in der Rechenstunde, wo Miriam so energisch wegen des Schutzengels für ihn eingetreten war, waren die beiden unzertrennliche Freunde.

Miriam ist eigentlich ein sehr hübsches Mädchen, dachte Sven, und außerdem intelligent. Bei ihr fehlt nichts. Ihre Hausaufgaben sind immer toll sauber, sie paßt auf, weiß jede Antwort, wenn die Lehrer etwas fragen, und sie ist immer still und bescheiden. Sie ist super. Kein Wunder, daß sie Klassenbeste ist.

"Sehr schön", lobte Frau Weiß, als Miriam geendet hatte. Und die Lehrerin schrieb eine dicke, rote 1 unter Miriams Aufsatz.

Sven schickte ihr heimlich ein Briefchen unter der Bank durch. "Gratuliere!" stand drauf, "vergiß nicht, heute um drei bei mir! - Zieh Jeans an! Sven."

In zehn Minuten müßte Miriam da sein, dachte Sven, und er ging in den Schuppen, holte eine kleine Leiter, suchte ein Brett und trug beides zu dem Apfelbaum.

Sven stellte die Leiter an den Stamm des Baumes, damit Miriam besser hinaufsteigen konnte, und zwischen das Geäst klemmte er das Brett. Nun konnten die beiden gemütlich zusammensitzen.

"Na, die wird Augen machen!" murmelte er vor sich hin. Er war ganz aus dem Häuschen vor Freude.

Es klingelte an dem Gartentor. Sven rannte quer über den Rasen und öffnete.

"Du bist ja die Pünktlichkeit in Person", sagte er anerkennend, "nach dir kann man wirklich die Uhr stellen."

"Meine Omi sagt immer: Pünktlichkeit ist die Höflichkeit der Könige - oder so ähnlich", entgegnete Miriam altklug.

"Na, prima! - Nu' komm, ich will dir was ganz Tolles zeigen."

Mit diesen Worten zog er Miriam zum Apfelbaum. Er konnte es kaum erwarten.

"Meine Güte, was hast du denn da gemacht!" rief Miriam aus und kletterte die Leiter hoch. Sven half ihr, und sie machten es sich auf dem Brettsitz gemütlich.

Miriam sah sich neugierig um.

"Daas is' ja super", stellte sie fest. "Auf einen Baum bin ich zwar schon geklettert, aber so richtig dringesessen bin ich noch nie."

"Und nun paß auf", sagte Sven erwartungsvoll, "hör mal, was jetzt passiert." Und Sven begann mit seinem Apfelbaum zu sprechen.

"Hallo - Apfelbaum! Das ist Miriam, meine beste Freundin!"

"Ja, ich sehe es", antwortete der Apfelbaum, *"ein nettes Mädchen."*

"Ich will ihr doch endlich mein Geheimnis verraten", flüsterte Sven.

"Manche Geheimnisse sollte man lieber für sich behalten, Sven. Sie wird denken, du bist verrückt."

40

"Wieso?" fragte Sven, "sie hört dich doch auch!"

"Eben nicht", entgegnete der Apfelbaum. *"Sie kann mich nicht verstehen"*.

"Hör doch endlich auf", sagte Miriam ärgerlich, "so' ne blöden Selbstgespräche, unterhalte dich lieber mit mir."

Sven hätte weinen können, so enttäuscht war er.

"Warum ist das denn so? wagte er noch zu fragen.

"Daß du mich verstehen kannst, ist für dich, und nur für dich bestimmt", betonte der Apfelbaum, *"es ist wie ein großes Geschenk, - und dafür muß man ein offenes Herz haben."*

"Und Miriam? fragte Sven zurück.

"Miriam ist noch nicht so weit. Ihre Gedanken werden noch zu sehr von ihrer Großmutter beherrscht." Dann schwieg der Apfelbaum.

"Du bist verrückt", sagte Miriam und lachte. "Du redest und redest in die Luft!"

"Hast du eine Großmutter?" fragte Sven unvermittelt.

"Ja", sagte Miriam, und ihre Augen begannen zu leuchten. "Meine Omi ist der liebste Mensch auf der ganzen Welt. Wenn ich meine Omi nicht hätte..."

"Aber du hast doch eine Mutter und einen Vater", unterbrach sie Sven.

"Nein, einen Vater habe ich nicht, den habe ich noch nie gesehen. Ich glaube, den gibt's gar nicht."

"Einen Vater..." Sven stockte, "gut - aber eine Mutter hast du doch?"

"Ja, natürlich", sagte Miriam, "aber die geht arbeiten, und wenn sie nach Hause kommt, bin ich meist schon im Bett... Weißt du, Sven, meine Mutter ist für mich wie - wie - eher eine Schwester.

Meine eigentliche Mutter ist meine Omi. Weißt du",
fuhr Miriam fort, "seit meiner Geburt wohnt meine
Omi bei uns. Sie hat mich großgezogen, sie kocht,
sie sagt, was ich anziehen soll, sie macht mit mir
Hausaufgaben..." Miriam unterbrach sich und
kicherte, "sie hat sogar schon Hausarbeiten für mich
geschrieben, und Frau Weiß hat es nicht gemerkt.
Sie kann wie ich schreiben, - ganz toll!"

"Aber ist es nicht langweilig, ständig mit einer
Großmutter zusammenzusein?" fragte Sven.

"Du hast vielleicht Ahnung!" entgegnete Miriam.
"Sie weiß den ganzen Tag was zu erzählen.
Manchmal wird es mir sogar zu viel."

"Na ja", Sven wurde es langweilig. "Woll'n wir
nicht lieber was spielen?" brach er das Gespräch ab.

"Prima!" Miriam stand sofort auf und kletterte
vom Baum. "Komm, wie spielen Verstecken!"

Der Apfelbaum ist verärgert

"Du warst gestern böse auf mich - gell ja", fragte Sven kleinlaut.

"Böse", wiederholte der Apfelbaum, "böse kann ich nicht sagen. - Verärgert klingt besser."

"Weil ich Miriam mitgebracht habe?"

"Nein." Und wieder wurde das Raunen in den Ästen lauter. "Du kannst mich nicht wie ein Paradepferd anderen Leuten zeigen."

Ich hab's mir schon gedacht", erwiderte Sven. "Ich wollte mit dir angeben, damit Miriam sieht, was für ein toller Kerl ich bin. - Vielleicht ist es so", sagte Sven nachdenklich.

"Ganz so ist es nicht, Sven, ein bißchen wolltest du sicher angeben, aber im Grunde wolltest du ihr eine Freude machen."

"Entschuldige, lieber Apfelbaum, ich will dich nicht verärgern. - Aber sie hatte ja gar keine Freude, im Gegenteil, ihr war es sogar langweilig. Und ich habe gedacht, wenn Miriam auch einen Schutzengel hat..."

"Alle - a l l e Menschen haben einen Schutzengel, Sven", belehrte ihn der Apfelbaum.

Sven schwieg eine Weile still.

"Sag mal", nahm er das Gespräch wieder auf, "gehören die Schutzengel auch zur Geisterwelt Gottes?"

"Natürlich, Sven", und es klang belustigt, "natürlich gehören sie zur Geisterwelt Gottes. Es sind doch Engel!"

Sven zog die Luft tief ein und stieß sie mit einem Seufzer wieder aus.

"Siehst du, so dumm bin ich. Aber du wolltest mir doch von der Geisterwelt erzählen. Tust du das heute? Bitte!"

"Nun gut", sagte der Apfelbaum, "ich will's versuchen.

Vor Milliarden von Jahren gab es unsere Welt noch nicht. Aber es gab Gott und seine Heilige Geisterwelt. Gott ist Geist - und alles, was er erschafft, ist Geist. Nach seinem Bilde rief er geistige Wesen ins Dasein in einer so unermeßlichen Menge, daß wir keine irdischen Zahlen haben, mit denen wir sie auch nur annähernd ausdrücken können."

"Du hast gerade gesagt: er rief geistige Wesen ins Dasein", sagte Sven nachdenklich, "hat er einfach so" - und Sven schnippte mit dem Finger - "so gemacht, und dann waren die Wesen da?"

"Nein, Sven, Gott schuf die Geisterwelt nicht auf einmal. Gott ist der große Bildner, der nach unendlich weisen Gesetzen aus dem Kleinen das Große schafft. Aus dem Samenkörnchen wächst der Baum mit Billionen Samenkörnchen, aus denen neue Bäume entstehen. Sieh' mich an. Ich wachse und bekomme Äpfel, und in jedem Apfel sind kleine, schwarze Körnchen, und diese Körnchen sind fähig, einen neuen Baum zu bilden.

Gott bildet nicht Familien, daß er Eltern und Kinder gleichzeitig ins Dasein ruft, sondern daß er auch im Geistigen ein Elternpaar erschafft und ihm die Zeugungskraft schenkt, so daß nach und nach durch Geburt von Kindern die Familie wächst und aus dieser Familie neue Familien bis ins Unbegrenzte entstehen können."

44

"In der Schule haben wir die Geschichte von von Adam und Eva gelernt", warf Sven ein, "dann waren doch das unsere ersten Eltern", folgerte Sven.

"Das ist richtig", sagte der Apfelbaum, "nur stellen sich die Menschen diese Entstehungsgeschichte falsch vor. - Hab noch Geduld, Sven, das gehört jetzt noch nicht hierher. Ich will dir von der Geisterwelt Gottes weitererzählen."

"Das ist alles so spannend und neu für mich. Ich höre dir gut zu", sagte Sven, und rutschte auf die andere Seite seines Baumsessels.

Und der Apfelbaum fuhr fort: "Gott ist ein Gott der Ordnung. Alles, was er geschaffen hat, ist bestimmten Gesetzen unterworfen. Gott hat diese Gesetze mit großer, großer Liebe erschaffen, mit Liebe für alle seine Kinder, und dazu gehören wir auch."

"Was sind denn das für Gesetze?" wollte Sven wissen.

"Für die Menschen sind es einmal die Naturgesetze, zum anderen die zehn Gebote. Die hast du ja bereits im Religionsunterricht gelernt. Aber auch darauf komme ich noch zurück. In der geistigen Welt gelten die gleichen Gesetze, wie bei uns. Du mußt dir überhaupt die geistige Welt genauso wie unsere Welt vorstellen, das ist wahrscheinlich nicht ganz einfach für dich, aber eines Tages wirst du es besser verstehen. - Ich habe es dir schon einmal erzählt, daß unsere Welt aus dem Geistigen geschaffen wurde, aber zu Materie verdichtet wurde.

Unsere materielle Welt ist verdichteter Geist. - Aber das für dich jetzt nur nebenbei. Ich will dir von der Geisterwelt weitererzählen. Auch hier herrscht eine strenge Ordnung. Und weil diese Ordnung, oder diese Gesetze, aus Liebe für jedes Wesen entstanden ist, fügen sich alle Geistwesen in Liebe dieser Ordnung, und sie sind unendlich glücklich dabei."

"Und was machen die da in der geistigen Welt?" fragte Sven. "Das muß doch schrecklich langweilig sein!"

"O nein", erwiderte der Apfelbaum, "das ist gar nicht langweilig. Jedes Wesen hat seine Aufgabe, seine Arbeit. Und sie erfüllen ihre Aufgabe mit Freude und Liebe. Sie bekommen ihre Belehrungen, wie du in der Schule, sie haben ihre Zusammenkünfte, ihre Feste oder Feierlichkeiten. Auch Blumen und Bäume gibt es in der jenseitigen Welt, Bäche, Flüsse, Seen, sogar Häuser und Paläste. Nur ist alles tausendmal schöner, als bei uns, so schön, wie wir es uns überhaupt nicht vorstellen können."

Sven hatte staunend zugehört.

"Bäume und Blumen gibt es dort drüben", wiederholte er, "Seen und Bäche, sogar Häuser? Das kann man fast nicht glauben."

"Siehst du, Sven", sagte der Apfelbaum, "die Menschen können es nicht glauben, sie lachen darüber. Und das ist traurig."

"Aber i c h will davon mehr hören. Bitte, bitte, lieber Apfelbaum, erzähl' weiter!"

"Da ging ein Raunen und Wispern durch das Geäst, und man könnte fast meinen, der Apfelbaum zitterte vor Freude um die Wißbegier des kleinen Jungen.

"Vielleicht hast du noch eine Frage?"

46

"O ja", antwortete Sven, "du hast doch vorhin gesagt: jedes Wesen hat seine Arbeit oder Aufgabe?" fragte Sven. "Was müssen die denn da machen?"

"Ich will es dir an einem Beispiel erklären", fuhr der Apfelbaum fort.

Kaiser, König, Edelmann

"Was ein Kaiser ist, weißt du", stellte der Apfelbaum fest.

"Sein Reich ist so riesengroß, daß er es nicht allein regieren kann.

Also braucht er Helfer.

Sein Vertreter ist der König. Mit ihm kann er sich beraten, und ihm kann er seine Anweisungen geben.

Der König wiederum kann nicht im Land herumreisen und jedem sagen, was der Kaiser befohlen hat, also braucht auch er Helfer. Und das sind die Fürsten. Heute würdet ihr sagen: Minister."

"Minister!" unterbrach Sven, "in den Nachrichten wird ja immerfort von den Ministern geredet!"

"Richtig", bestätigte der Apfelbaum. "Da gibt es einen Minister, der für die Verteidigung des Landes verantwortlich ist, einen für die Sicherheit oder das Gesundheitswesen, die Finanzen, die Bildung oder das Gemeinwohl. Das ist jeweils ein großes Gebiet, und so brauchen auch Minister Hilfen. Und diese Hilfen sind die einzelnen Ämter, denen ein Leiter oder ein Direktor vorsteht."

"Das ist ja kompliziert!" warf Sven ein.

"Denk doch mal an deine Schule", fuhr der Apfelbaum fort. "Es gibt ein Schulamt, und der Leiter ist der Schulrat. Er ist zuständig für alle Schulen an deinem Ort und der Umgebung. Er allein kann sich nicht um jede einzelne Schule kümmern, also hat auch er einen Helfer, nämlich deinen Rektor."

"Herr Stahlmann!" rief Sven. "Herr Stahlmann ist unser Rektor!"

"Gut", sagte der Apfelbaum. Auch Herr Stahlmann kann sich nicht um jedes Kind kümmern, damit es was lernt. Also braucht er Hilfe. Und wer mag das wohl sein?"

"Unser Lehrer!" kam es prompt zurück.

"Du paßt wirklich gut auf", lobte der Apfelbaum.

"Siehst du, Sven, und so muß einer mit dem anderen zusammenarbeiten, damit es allen Menschen gut geht und Ordnung herrscht."

"Aber es geht doch nicht allen Menschen gut", warf Sven ein. "Es gibt so viele arme Menschen, kranke, böse Menschen, die sich gegenseitig töten oder den anderen quälen."

"Da hast du natürlich recht, Sven", bestätigte der Apfelbaum, "das ist leider so - und warum? - Weil ihr Menschen seid, und weil Gott euch einen freien Willen gegeben hat. Das ist sein größtes Geschenk für euch, aber die Menschen können damit nicht umgehen und sie mißbrauchen es."

Sven runzelte die Stirn.

"Schwer zu verstehen", seufzte er.

"Verzweifle nicht", tröstete der Apfelbaum. "Ich habe nur versucht, dir klar zu machen, wie hier auf unserer Welt die Ordnung in einem Staat aufgebaut ist. - Und nun versuch einmal, diese Ordnung in die geistige Welt umzusetzen."

"Daas kann ich nicht", sagte Sven.

"Doch - das ist ganz einfach", erklärte der Apfelbaum. - "Paß auf! - Gott steht an höchster Stelle. Sein innigster Vertrauter ist sein erst- geborener, sein e i n g e b o r e n e r Sohn - Christus.

Gott hat Christus als König der gesamten Geisterwelt eingesetzt.

Gottes zweiter "Sohn" heißt Luzifer, damals ein wunderschöner Engel, der Engel des Lichts.

Die weiteren "Söhne" Gottes kennst du wahrscheinlich schon, ich denke an Gabriel, Michael oder Raffael. Wir nennen sie Erzengel."

"Ja - und, sind das die Minister?" fragte Sven.

"So könnte man sagen", bestätigte der Apfelbaum.

Plötzlich fiel Sven etwas ein, was ihn sehr erregte.

"Du - du, Apfelbaum, du - paß mal auf!"

Sven holte tief Luft, und dann sang er aus voller Kehle, das seine helle Kinderstimme den ganzen Garten erfüllte:

Großer Gott wir loben dich...

In der zweiten Strophe blieb er stecken. Da trug er sie langsam vor:

"Alles, was dich preisen kann,
Cherubin und Seraphinen,
stimmen dir ein Loblied an,
alle Engel, die dir dienen,
rufen dir in sel'ger Ruh':
Heilig! Heilig! Heilig! zu.

Jetzt ist mir auch klar geworden, was Cherubine und Seraphine sind", sagte Sven. "Das sind Engel! - Wir mußten das Lied damals in Reli lernen, und diese beiden Namen mußte ich besonders pauken." Sven lachte. "Ich hab' immer gedacht, das seien besonders schöne Edelsteine!"

"Nein, Sven, das sind sehr, sehr hohe Engel, die in Gottes Nähe sind und ihm in großer Liebe dienen."

Sven schwieg. - Dann sagte er sehr bedacht:
"Apfelbaum! Ich glaube, jetzt weiß ich wirklich
allein weiter. Diese Engel sind die hohen
Direktoren, die Leiter-Engel und die ..."

"Sehr gut, sehr gut", lobte der Apfelbaum
abermals.

"Das ist die himmlische Ordnung. Und jedes
Engelwesen ist bestrebt, Gott zu loben und ihm zu
dienen."

"Das ist also der Himmel!" sagte
Sven nachdenklich.

Aufstand gegen Miriam

Sven knallte das Gartentor zu und lief zu seinem Apfelbaum. Die Schultasche warf er ins Gras, und mit einem Satz war er in dem Baum verschwunden.

"Hallo, Sven", begrüßte ihn der Apfelbaum, "du bist ja heute ziemlich spät dran."

"Ich bin wütend", grollte Sven. "So ein Mist!"

"Sven!" rief der Apfelbaum bestürzt, "du weinst ja!

"Ich weine gar nicht!" gab Sven eigensinnig zu Antwort und wischte sich mit seinem Ärmel über das Gesicht.

"Sag mal, wie siehst du denn aus?" Die Stimme des Apfelbaumes klang besorgt. "Dein Anorakärmel ist ja ausgerissen - und dein Gesicht! - Du bist ja vollkommen verschmiert - das ist doch Blut?"

"Ach", sagte Sven abweisend, "das war bloß meine Nase."

Aber schon traten ihm wieder die Tränen in die Augen.

"Jetzt beruhige dich erstmal, - und dann erzähl!"

Sven stützte die Ellbogen auf die Knie, und nahm den Kopf in beide Hände.

"Dieser Scheißkerl, der Thomas, - der Blödman, der Idiot", grollte er.

"Na, na", beschwichtete ihn der Apfelbaum, - "wer ist denn - Thomas?"

"Ach der, - der ist der zweite Klassensprecher. Miriam ist die erste, und die macht ihre Sache so prima. Frau Weiß findet das auch. Aber plötzlich, aus einem unerfindlichen Grunde, mochte er die Miriam nicht mehr. Er hetzte die ganze Klasse gegen sie auf. Dämliche Weiber sollen keine Klassensprecher sein", meint er.

"Ich hab' zu Miriam gehalten und andere auch, aber ein Teil ist eben gegen Miriam. Manche wissen gar nicht, um was es geht. Die rennen einfach dem Thomas hinterher, das sind auch solche Blödmänner", sagte Sven.

"Ja aber, - warum das alles?" fragte der Apfelbaum.

"Weißt du, der Thomas will einfach die erste Rolle spielen und das Sagen haben. E r will erster Klassensprecher sein."

"Habt ihr euch deswegen gekloppt?" fragte der Apfelbaum.

"Ja und nein. - Das war so", erklärte Sven. "Wir wollten alle nach Hause gehen, als plötzlich Thomas die Miriam an den Haaren zog. Das tat weh. Miriam drehte sich um und streckte ihm die Zunge raus und rief: du blöder Affe. Da gab er Miriam einen Fußtritt, daß sie hinfiel und heulte. Da bin ich zu Thomas und habe ihm eine geklebt. Und damit fing eine fürchterliche Rauferei an, nicht nur zwischen Thomas und mir, sondern alle kämpften gegen alle."

"Und?" Der Apfelbaum schien belustigt zu sein. "Was war dann?"

"Ja, - dann stand auf einmal Frau Weiß unter uns. Sie hatte die Keilerei vom Lehrerzimmerfenster beobachtet und nahm uns mit in die Klasse. Wir mußten eine Stunde nachsitzen. Das war gemein. Und als Frau Weiß einen Moment aus der Klasse ging, ging's los. Thomas fing damit an. Sie trommelten im Takt mit den Fäusten auf die Bank und schrien immer: "*Miriam ist Dreck - Miriam muß weg. Miriam ist Dreck, Miriam muß weg*". Das war, glaube ich, auch der Frau Weiß zu viel. Die Thomas-Gruppe kriegte eine dicke Strafarbeit. Da haben wir natürlich gefeixt!"

"Hmm" machte der Apfelbaum nur.

In diesem Moment wurde die Haustür geöffnet, und Svens Mutter erschien.

"Mam geht jetzt zu einer Patientin", sagte Sven, "sie kommt in zwei Stunden wieder zurück."

"Ist deine Mutter Ärztin?" fragte der Apfelbaum verwundert.

"Nein", antwortete Sven, "sie ist Heilgymnastin. Im Haus haben wir eine Praxis."

Sven sprang vom Apfelbaum.

"Ich komm' gleich wieder", rief er, "ich zieh mich nur schnell um."

Mit diesen Worten rannte er ins Haus.

54

Der Herr unserer Welt

In seinem Zimmer zog sich Sven seine verschmutzten und zerrissenen Sachen aus, rollte sie zusammen und steckte sie unter das Bett. Dann wusch er sich, zog sich einen neuen Pullover und saubere Hosen an, ging in die Küche, wo sein Essen vorbereitet stand. Er schaltete die Mikrowelle ein und wartete.

Das ist auch so was, dachte er. Mein Essen wird kochend heiß, und man sieht nichts. Ob das auch was Geistiges ist?

Der Nudelauflauf schmeckte köstlich. Als er fertig gegessen hatte, war ihm wieder wohler.

Sven stellte seinen Teller in die Geschirrspülmaschine und rannte wieder zu seinem Apfelbaum.

"Du hast mir gestern erzählt, daß wir Menschen von Gott einen freien Willen bekommen haben. Heißt das, daß wir machen können, was wir wollen?"

"Genau - so ist es", bestätigte der Apfelbaum. "Aber ihr Menschen mißbraucht diesen freien Willen."

"Wie sollen die Menschen wissen, was richtig und falsch ist?" fragte Sven.

"Gott hat ihnen Gebote und Naturgesetze gegeben. Das habe ich dir schon einmal gesagt. Doch die Menschen kümmern sich nicht darum. Sie werden immerwieder zum Bösen verleitet", antwortete der Apfelbaum.

"Aber warum verleitet Gott die Menschen zum Bösen, ich denke Gott liebt die Menschen? Sven war völlig verunsichert.

"Nicht Gott verleitet die Menschen. Gott ist der Herr über das gesamte Universum. Aber Herr unserer Welt ist der Teufel", erklärte der Apfelbaum.

"Waas?" rief Sven, "der Teufel! Der Teufel mit Hörnern und Pferdefüßen!"

"So stellt ihr ihn euch vor, aber auch er gehört in die geistige Welt. - Es gibt ja Menschen, die Dämonen sehen können, die Hellseher. Vielleicht haben sie den Teufel in solch einer Gestalt schon gesehen", entgegnete der Apfelbaum.

"Dämonen, Hellseher", wiederholte Sven, "das sind wieder ganz neue Dinge für mich.

"Warte ab, ich erzähl dir alles noch ganz genau", sagte beruhigend der Apfelbaum.

"Ich will dir erst einmal vom Teufel erzählen."

"Vom Teufel!" Sven machte große Augen und war die Aufmerksamkeit in Person.

"Alle Menschen, die hier auf der Erde wohnen, waren einmal Engel", erklärte der Apfelbaum. "Auch du, Sven, warst ein Engel."

Sven brach in helles Gelächter aus. "I c h ein Engel! - Apfelbaum, bitte, du willst mich veräppeln. Ich und ein Engel!"

"Es ist so", sagte der Apfelbaum ernsthaft. "Damals gab es ja unsere Erde noch nicht, da hast du in der geistigen Welt, im Himmel gelebt. Ich habe dir gestern davon erzählt."

Sven nickte zustimmend mit dem Kopf.

Aufstand gegen Christus

"Alle Engel lebten in Liebe und Frieden in der Geisterwelt. Und eines Tages - das ist nicht ganz richtig", verbesserte sich der Apfelbaum, "denn im Himmel gibt es weder Tag und Nacht, da ist es immer hell und licht - gab es einen Engel, der schönste unter ihnen, nämlich Luzifer, der Lichtengel, er neidete Christus sein Königtum. Und nun passierte dieselbe Geschichte, die du mir gerade erzählt hast: er wiegelte die Engel gegen Christus auf, weil er an die Stelle von Christus wollte. Viele Engel hatte er schon geworben. Und als er glaubte, stark genug zu sein, begann er mit seinen Rebellen und Mitläufern einen furchtbaren Kampf. Er glaubte, sein Ziel erreicht zu haben."

Sven hatte atemlos zugehört.

"Wie kann ein Engel so was bloß machen?" Sven schüttelte verständnislos den Kopf.

"Dieser Plan kam bei ihm nicht plötzlich. Er reifte nur nach und nach in ihm heran, bis er als freier Entschluß und dadurch auch als die größte Sünde diesen hohen Geist befleckte", erklärte der Apfelbaum. Gott hatte nicht eingegriffen, obwohl er die Machenschaften Luzifers beobachtet hatte. Er wollte seine Geisterwelt auf die Probe stellen, denn sie hatten ja auch ihren freien Willen; entschieden sie sich für Luzifer oder für Christus?"

"Und dann kam es zu dem Kampf?" fragte Sven.

"Ja", fuhr der Apfelbaum fort, "doch jetzt griff Gott ein. Die Geister hatten sich entschieden. Fürst Michael erhielt den Befehl, mit den treu gebliebenen Legionen seines Streitheeres die Rebellen zu stürzen. Der Abfall von Gott war das schlimmste, was ein Engel tun konnte. Der einstige Lichtträger und seine Rädelsführer wurden in die tiefsten Sphären der Schöpfung verwiesen, von deren Finsternis und Schrecken du dir kein Bild machen kannst."

"War das die Hölle?" fragte Sven.

"Ja, nur viel, viel schlimmer als das was ihr euch unter Höllr vorstellt ", antwortete der Apfelbaum. "Das kann sich ein Mensch gar nicht vorstellen."

"Aber unter Hölle stellt man sich doch ein Fegefeuer vor, wo die Menschen braten, und der Teufel kommt und macht das Feuer immer heißer", wandte Sven ein.

"Das ist Unsinn", wehrte der Apfelbaum ab, "so stellen es sich viele vor.

Die Hölle ist auch etwas Geistiges. Bloß der Mensch kann das nicht in seinem Bewußtsein umsetzen."

"Ich auch nicht", erwiderte Sven.

"Paß auf!" fuhr der Apfelbaum fort, "nach dem Kampf ließ Gott durch den Erzengel Michael und seine Legionen Luzifer mit seinem Gefolge in die tiefsten Tiefen der Finsternis bringen.

Und dann begann ein Klagen und Zähneklappern. Luzifer in seiner Wut und voller Bosheit quälte und plagte seine Untergebenen, er lachte sie aus und verhöhnte sie. Viele unter ihnen wußten gar nicht, was passiert war. Voller Angst begannen sie zu schreien und zu heulen. Sie riefen nach dem Vater und baten um Vergebung, denn sie wollten zurück ins Vaterhaus. Aber es war zu spät!"

"Schrecklich", stöhnte Sven, "wenn ich mir vorstelle, meine Eltern sperren mich in den Keller, dann würde ich auch schreien!"

58

"Siehst du", fuhr der Apfelbaum fort, "und deine Eltern würden sich überlegen, wie sie dir helfen können. Aber Strafe muß sein!"

"Konnte Gott helfen?" fragte Sven atemlos.

"Ja, Sven. Er schickte seine Engel in die Finsternis, um in dieses Chaos, was da herrschte, Ordnung zu bringen.

Die Getreuesten Luzifers waren voller Bosheit und wollten von den Engeln nichts wissen, - sie mußten in der Tiefe verharren, aber viele kamen und flehten die Engel um Hilfe an. Die Ordner holten die Mitläufer, die weniger Schuld auf sich geladen hatten, zusammen und gaben ihnen Hoffnung. Sie führten sie aus der tieften Finsternis hinaus in hellere Sphären der Hölle. Die Betroffenen waren glücklich, obwohl es da immernoch duster war."

"So wie im Schuppen?" fragte Sven.

"Nein", erklärte der Apfelbaum, "vielleicht - so, so wie ein trüber nebliger Novemberabend."

"Schrecklich", sagte Sven und schüttelte sich.

"Und alle Menschen, die hier auf der Welt leben müssen, waren einst auf Luzifers Seite", ergänzte der Apfelbaum.

"Also das meintest du damit, daß ich auch mal ein Engel war?"

"So ist es Sven", erwiderte der Apfelbaum.

"Aber damals habe ich doch noch gar nicht gelebt", warf Sven ein.

"Nein, als Mensch noch nicht - da gab es ja auch noch keine Erde..."

Das metallische Klicken des Gartentores riß Sven aus seinen Gedanken.

"Meine Mutter kommt gerade nach Hause", erklärte er dem Apfelbaum. "Ich muß jetzt leider gehen, ich habe Mam versprochen, ihr zu helfen."

Mit diesen Worten verabschiedete sich Sven von seinem Freund.

"Tschüß, bis morgen. Und vielen Dank, lieber Apfelbaum!"

"Gott segne dich, kleiner Sven!" rief ihm der Apfelbaum nach.

Eva pflückt den verbotenen Apfel

"Heute hat uns Herr Reinhold von Adam und Eva erzählt", berichtete Sven und zeigte dem Apfelbaum seine dicke Kinderbibel, die er auf dem Schoß festhielt.

"Und was hast du da gelernt?" wollte der Apfelbaum wissen.

"Ach, daß Adam der erste Mensch war und Eva seine Frau, daß sie vertrieben wurden und dann auf die Erde kamen."

"Hat er auch erzählt, w e r Adam war?" fragte der Apfelbaum.

"Nein", antwortete Sven, "nur daß Gott ihn aus Erde oder Lehm oder so was gemacht hat."

Aus dem Geäst des Baumes erklang ein Raunen. Fast ärgerlich hörte es sich an.

"Dann will ich es dir erzählen", sagte der Apfelbaum.

"*Adam* - so nennt ihn die Bibel, das bedeutet *Mensch* und *Eva* bedeutet *Leben* - aber das nur nebenbei", erklärte der Apfelbaum, "Adam also, war ein einflußreicher, hoher Geisterfürst mit großen Fähigkeiten. Eva war sein Dual. In der Geisterwelt gehören immer zwei zusammen, ein männliches und ein weibliches Wesen - du könntest es mit einem Ehepaar vergleichen. Dieser hohe Geisterfürst hatte die Revolution Luzifers auch mitgemacht, aber nur am Rande, das heißt als Mitläufer. Auch Eva und die Geisterschar der beiden gehörten dazu. Gott straft nur nach dem Maße der Schuld. Er verfuhr mit ihnen sehr gnädig und legte ihnen nur eine geringe Strafe auf. Sie mußten zwar Gottes Herrlichkeit verlassen, aber er versetzte sie in eine geistige Sphäre außerhalb des Himmels. Dort ist es im Vergleich zur Erde, die damals ja noch nicht erschaffen war, traumhaft schön. Die Bibel spricht vom Paradies oder dem Garten Eden."

"Ich muß was fragen, lieber Apfelbaum", unterbrach Sven. "Was sind eigentlich Sphären? Das hast du schon einmal gesagt."

"Das ist nicht so schnell und einfach zu erklären, Sven", antwortete der Apfelbaum.

"Vielleicht verstehst du es, wenn ich dir ein Beispiel erzähle. -

Stell dir ein ganz hohes Haus vor. Unten im Keller ist es stockdunkel. Im Erdgeschoß wird es schon heller, im ersten Stock wird es noch heller und im obersten Geschoß ist es hell und licht. Dann könntest du die einzelnen Stockwerke mit Sphären vergleichen."

"Und im Himmel ist es ähnlich, sagst du? Da müßte doch im obersten Stockwerk, also in der obersten Sphä - Sphäre der liebe Gott sein", folgerte Sven.

"Sven, ich glaube, du hast verstanden, was ich meine, das freut mich sehr."

Und im Apfelbaum begann ein Säuseln, daß es Sven ganz eigen zu Mute wurde.

"Aber nun zurück zu Adam", fuhr der Apfelbaum fort.

"Adam und sein Gefolge wurde nun als Strafe - und auch als erneute Prüfung - in eine zwar schöne, aber niedrigere Sphäre verwiesen, das Paradies. Gott hat ihnen alles erlaubt zu tun, was sie wollten, nur durften sie keine Früchte von einem bestimmten Apfelbaum essen. Das taten sie auch nicht, denn sie hatten ja alles, was ihr Herz begehrte."

"Waren sie da schon richtige Menschen?" wollte Sven wissen.

"Nein, nein", sagte der Apfelbaum, "sie lebten ja in der geistigen Welt. Unsere Erde gab es damals noch nicht." -

"Und wenn man alles in Hülle und Fülle hat", fuhr der Apfelbaum fort, "wird es oft langweilig, und man will was Neues haben. Und das Neue war der Apfelbaum, dieser Baum reizte die beiden sehr, - und was taten sie?"

"Sie pflückten sich einen Apfel", ergänzte Sven. "Wahrscheinlich haben sie gedacht, der liebe Gott sieht es ja nicht."

"Ja, richtig", sagte der Apfelbaum. "Aber weißt du, wer der Antreiber war? Der hatte schon lange darauf gewartet."

Sven schüttelte den Kopf.

"Luzifer! - Luzifer hatte so lange gelockt, bis Eva diesen Verlockungen nicht mehr standhielt, den Apfel pflückte und ihn Adam zu essen gab", erklärte der Apfelbaum. "Nun wurde Gott böse über den Ungehorsam und verbannte sie in die untersten Sphären, ganz in die Nähe Luzifers. Und Luzifer hatte endgültig die Herrschaft über sie. Nun war er endlich König - allerdings nur über die abgefallenen Geister"

"Das ist ja schrecklich", stöhnte Sven.

"Doch bevor du weitererzählst, lieber Apfelbaum, was ist denn eine Verlockung?" fragte Sven.

"Eine Verlockung ist - ist eine Versuchung - ist -" sagte nachdenklich der Apfelbaum. Am besten, ich erzähle dir eine Geschichte..."

... die süße Versuchung

"Es war einmal ein kleiner Junge..."

"Aber - das bin nicht ich", warf Sven ein.

"Nein, das bist nicht du, das war ein Junge, so wie alle kleinen Jungen sind", entgegnete der Apfelbaum. "Dieser kleine Junge war allein zu Hause, weil seine Mutter Besorgungen zu machen hatte. Er spielte, doch das wurde ihm langweilig, und außerdem bekam er Hunger, Hunger nicht auf Brot etwa, nein, er hatte Lust auf Süßigkeiten. Er wußte, daß seine Mutter ganz oben im Schrank eine Schachtel Konfekt liegen hatte, aber sie hatte es ihm auch strikt verboten, an diese Schachtel Konfekt zu gehen.

Und nun begann die Verlockung.

Er dachte an die Schachtel, und sein Wunsch nach Schokolade wurde immer größer. Er stieg auf einen Stuhl, um die Schachtel *nur mal anzusehen.*

Da leuchtete ihm ein Bild der herrlichsten Weinbrandbohnen entgegen. Die Spucke lief ihm im Mund zusammen, aber gehorsam legte er die Schachtel zurück auf ihren Platz. Er stieg vom Stuhl und schloß die Schranktür. Aber die Weinbrandbohnen ließen ihn nicht los.

Nur mal reingucken, dachte er.

Also kletterte er wieder auf den Stuhl, löste ganz vorsichtig das Cellophanpapier und öffnete die Schachtel.

Er konnte sich nicht mehr beherrschen. Die Weinbrandbohnen dufteten so lecker, daß er eine herausnahm und in den Mund schob.

Er hatte zwar ein schlechtes Gewissen, aber...

Immerwieder ging er zu dem Schrank - und im Handumdrehen war die Schachtel leer.

Als seine Mutter nach Hause kam, war sie entsetzt, denn der kleine Junge sah aus wie Kalk, so weiß war er im Gesicht. In seinem Kopf drehte sich alles, und in seinem Magen ebenfalls. Er rannte aufs Klo und mußte sich übergeben.

Der Geruch von Weinbrand, das ist ja Alkohol, zeigte der Mutter sofort, warum ihrem Sohn so schlecht war.

Sie wurde sehr böse und auch traurig über seinen Ungehorsam. Sofort steckte sie ihn ins Bett, deckte ihn zu, kochte ihm noch einen Tee und rollte die Jalousien herunter. Das war seine Strafe."

Sven hatte aufmerksam zugehört.

"Diese Geschichte ist mir auch schon passiert", sagte Sven nachdenklich. "Zwar nicht so, aber irgendwie anders."

"Alle Menschen sind täglich ähnlichen Versuchungen ausgesetzt", bemerkte der Apfelbaum. "Es kommt nur darauf an, wie der Mensch sich entscheidet, zum Guten oder zum Bösen."

"Und Adam und Eva hatten sich zum Bösen entschieden", führte Sven das Gespräch fort.

"So ist es", sagte der Apfelbaum, "und deshalb hat sie Gott in die Nähe von Luzifer geschickt, in die niedrigste Sphäre des himmlischen Reiches."

"Puu, da möchte ich nicht sein!" Sven schüttelte sich.

Im Apfelbaum wisperte es.

"Auch du lebst jetzt in dieser Sphäre, Sven", erklärte der Apfelbaum. "Aber laß mich erst einmal weitererzählen - morgen! antwortete der Apfelbaum. "Heute mag dies genug für dich sein."

Der Erlösungsplan

Sven konnte es kaum erwarten, zu seinem Freund zu kommen. Tausend Fragen brannten ihm auf seiner kleinen Seele. - Endlich war es soweit.

"Adam und Eva lebten in der Nähe vom Teufel, hast du gestern gesagt", begann Sven das Gespräch. "Wie kamen sie denn dann auf unsere Erde?" wollte Sven wissen.

"Erinnerst du dich an meine Geschichte von gestern?" fragte der Apfelbaum. "Die Mutter gab dem kleinen Jungen Tee und steckte ihn ins Bett, damit er wieder gesund werden sollte. Und warum? Weil die Mutter ihr Kind über alles liebt."

"Ja, das ist doch ganz natürlich", warf Sven ein.

"Siehst du", fuhr der Apfelbaum fort, "Gott liebt auch alle seine Geschöpfe und läßt keinen im Stich. Alle aus dem Himmel verbannten Engel sollen wieder zurückkehren - sogar Luzifer."

"Na dem", sagte Sven ganz entrüstet, "dem würde ich einen Fußtritt geben!"

"Du vielleicht", wandte der Apfelbaum ein, "aber nicht Gott. Gott ist gütig und geduldig. Er machte etwas völlig anderes:

Er schuf einen Ort mit Blumen, Bäumen und Wäldern, mit großen und kleinen Tieren und schenkte ihn den abgefallenen Geistern, damit sie die Möglichkeit bekamen, ihre Gesinnung zu ändern, das heißt, sich zu bessern."

"Und d e n Ort gibt's?" fragte Sven ungläubig.

"Sicher", antwortete der Apfelbaum belustigt, "dieser Ort ist unsere Erde, - die Welt, in der du lebst!"

Sven war fassungslos.

"Die Welt, auf der ich lebe", flüsterte er vor sich hin, "und das in der Nähe vom Teufel!"

"<u>Gott</u> ist dein oberster Herr, Sven, vergiß das nicht", tröstete der Apfelbaum, "wenn du Gott vertraust, kann dir nichts geschehen."

"Aber wenn der Teufel doch kommt?" fragte Sven zaghaft.

"Dann mußt du versuchen, ihm zu widerstehen - nicht das Böse, sondern das Gute tun. Die Entscheidung liegt bei dir, denn Gott gab dir ja den freien Willen. Und das sind die Prüfungen, die Gott euch Menschen auferlegt hat", fügte der Apfelbaum hinzu. "Vom Ausgang der Prüfungen hängt es ab, wie lange dieser Rückweg dauert."

"Aber wo macht man denn diese Prüfungen?" fragte Sven.

"Um dir das zu erklären, mußt du besonders gut aufpassen", antwortete der Apfelbaum.

"Gott wollte die in die Tiefe gesunkenen unglücklichen Geistwesen wieder in sein Haus zurückführen. Aber das war nicht so einfach. So besprach er seinen Hilfeplan, er heißt Erlösungsplan, mit Christus, seinem Sohn, dem König der Geisterwelt.

Der *erste Schritt* der Rettung bestand darin, daß Gott Besserungssphären schuf und zwar stufenweise, nach euch unbegreiflichen Gesetzen, wie sie nur die Weisheit Gottes zu ersinnen vermag. Auf diesen Stufen durften die gefallenen Geister aus der Tiefe der Finsternis emporsteigen."

"Ganz schön schwer", warf Sven ein.

"Na, so schlimm ist das doch nicht! Denke an mein Beispiel vorhin mit dem hohen Haus. Je tiefer du in den Keller steigst, desto finsterer wird es. So

ist es auch mit der Hölle. Das, was ihr *Hölle* nennt, ist die tiefste Stufe, in welche alle gefallenen Geister kamen. Aber auch die Hölle enthält eine Anzahl Besserungssphären, durch die ein Geist durch Besserung seiner Gesinnung sich emporarbeiten kann bis zur ersten der irdischen Sphären."

"Besserungssphären", folgerte Sven, "sind also wie Stockwerke. Bloß, wie kann man sich da bessern?" fragte Sven.

"Eine gute Frage", lobte der Apfelbaum. "Stell dir wieder deine Schule vor. Ihr habt neun, oder im Gymnasium, dreizehn Klassen. In der ersten Klasse lernst du so viel, daß du in die zweite kommst und so weiter, bis du in der obersten Klasse angelangt bist. Jede Klasse könntest du im Geistigen mit einer Besserungsstufe vergleichen."

"Mm -m", meinte Sven nachdenklich, "so ist das."

"Der *zweite Schritt*", fuhr der Apfelbaum fort, "der zweite Schritt zu ihrer Rettung bestand in der Schaffung der materiellen Welt. Durch diese neue Welt sollten die gefallenen Engel nun ihren Weg nehmen. Und die neue Welt wurde geschaffen über Milliarden von Jahren hin..."

"Milliarden von Jahren?" fragte Sven. "Wie soll man das denn ausrechnen?"

"Das kann ein menschlicher Verstand auch kaum begreifen", erwiderte der Apfelbaum.

"Und dann hast du noch was gesagt", sagte Sven nachdenklich, "du hast was von einer ma- matejelen Welt gesagt."

"Materiellen Welt", verbesserte der Apfelbaum, "die materielle Welt ist unsere Erde."

"Unsere Erde", wiederholte Sven, "und wie war das? Unsere Erde hat Gott geschaffen vor Milliarden von Jahren?"

Plötzlich fiel Sven seine Kinderbibel ein, die er zwischen das Geäst geklemmt hatte.

"Du, Apfelbaum, daas stimmt aber nicht, was du da gesagt hast! - Hier, sieh mal!"

Sven fuhr mit seinem Finger über die Zeilen und las vor: Gott hat die Welt in sieben Tagen geschaffen. Gott sagte: "Es werde Licht." Er sah, das Licht war gut und trennte es von der Dunkelheit und nannte es *Tag* und die Dunkelheit *Nacht.* Der Abend kam, gefolgt von dem Morgen, das war der erste Tag. Und so geht's weiter." Sven blätterte um. "Und hier, siehst du, Apfelbaum, hier steht ganz genau geschrieben: Am siebten Tag hörte Gott mit dem Werk seiner Schöpfung auf. Deshalb segnete er diesen Tag und machte ihn zum heiligen Tag der Ruhe."

"Das stimmt eben nicht, Sven", wandte der Apfelbaum ein. "Die Bibel braucht Bilder oder Gleichnisse, um dem Menschen etwas klar zu machen. Alles Wachstum braucht doch seine Zeit, und jede Entwicklung braucht seine Zeit. Glaubst du, der liebe Gott schnippt nur mit dem Finger, und schon steht alles?"

"Aber der liebe Gott kann doch Wunder tun", warf Sven ein.

"Das stimmt schon. Aber Gott ist auch ein Gott der Ordnung, einer Ordnung, die er selbst geschaffen hat. Meinst du, daß er sich gegen seine eigenen Gesetze stellt?"

Sven klappte seine Bibel zu. Er holte tief Atem und stieß ihn mit einem lauten "Puuh" aus.

"Ein bißchen viel alles, aber wunderschön! - Danke! - Gute Nacht, lieber Apfelbaum." - Mit diesen Worten sprang er ins Gras und lief ins Haus.

Wer durchfällt, darf die Prüfung wiederholen

Sven kuschelte sich wieder in seinen Baumsessel.

"Grüß Gott, lieber Apfelbaum", sagte er, "ich muß dir was erzählen. –

Gestern Abend, als Mam mir *Gute Nacht* sagen kam, habe ich sie gefragt, ob der liebe Gott in sieben Tagen die Welt erschaffen hat. Und weißt du, was sie gesagt hat? Dasselbe wie du. In der Bibel steht es zwar so geschrieben, aber die Menschen verstehen es sonst nicht, denn wir denken ja in Tagen, Monaten und Jahren."

Dann fuhr Sven fort, und seine Stimme wurde ganz leise: "Ich hab sie noch gefragt, ob es eine Geisterwelt gibt."

"O", sagte der Apfelbaum, "und was hat sie da geantwortet?"

Sie hat nur große Augen gemacht und gesagt: "Liebes, mach dir darüber keine Gedanken, dafür bist du noch viel zu klein."

"Das ist nicht richtig", entgegnete der Apfelbaum. "Gerade Kinder sollten über die Wahrheit des Wortes Gottes belehrt werden. Viel Leid könnte verhindert werden, und die Menschen bekämen eine andere Einstellung zu sich selbst und zu ihren Nächsten, wenn sie über die geistigen Grundfragen:

Woher komme ich?

Wozu lebe ich?

Wohin gehe ich nach meinem irdischen Leben?
informiert wären."

"Aber, ich glaube, Mam beschäftigt sich auch mit den geistigen Dingen", ereiferte sich Sven. "Sie sagt bloß nichts."

"Sie weiß wahrscheinlich auch noch nicht so viel wie du", entgegnete der Apfelbaum.

"Und das habe ich dir zu verdanken!" sagte Sven.

"Erzählst du heute weiter? - Du hast mir von dem zweiten Weg der Besserungsstufe erzählt, die erste Besserungssphäre nach der Hölle."

Sven schüttelte sich.

"Die erste Sphäre", begann der Apfelbaum, "die irdische, das heißt, die erste Stufe wo Leben ist, beginnt mit der Stufe der niedrigsten Tiere. Sie findet ihre Fortentwicklung in den Stufen der Steine, der Pflanzen, der Kräuter, Blumen, Bäume, der höheren Tiere, zum Beispiel Hunde, Pferde, Affen", fügte der Apfelbaum hinzu, "und findet ihren Abschluß im Menschen."

"Aaach so", sagte Sven gedehnt, "Herr Reinhold hat mal gesagt, daß wir vom Affen abstammen. Da haben wir vielleicht gelacht! Aber er hat ja recht gehabt."

"Nein, - das hat er nicht", widersprach der Apfelbaum.

"Viele eurer Wissenschaftler glaubten das gleiche, aber es ist falsch! Der Mensch gehört zu der A r t der Affen. Er bildet die höchste Rasse dieser Art. Man kann zwar sagen, daß der Affe der niedrigste Mensch und der Mensch der edelste Affe ist, aber *körperlich* stammt er nicht vom Affen ab.

Der Geist des Menschen war, *bevor er zum erstenmal* in einem menschlichen Leib verkörpert wurde, in einem Tierleib. Es ist daher derselbe Geist, der durch die verschiedenen Naturstufen in stets vollkommener Gestaltung emporsteigt."

"Ganz schön schwer", seufzte Sven.

"Das glaube ich dir! - Sogar viele Erwachsene

verstehen dies nicht", sagte der Apfelbaum,
"vor allem, weil sie sich auch gar keine Gedanken
darüber machen, - leider. Und viele interessiert es
auch gar nicht."

"Sag mal, Apfelbaum", fragte Sven nachdenklich,
"wenn ein Geist in der Stufe eines Baumes ist, so
wie du vielleicht, und seine Prüfungen oder
Aufgaben nicht erfüllt hat, kann er dann wieder eine
Blume oder so, werden?"

"Nein", erwiderte der Apfelbaum. "Abgesehen
davon, daß ein Apfelbaum keine Blume werden
kann, ist es nicht möglich, daß ein Geistwesen von
einer höheren in eine niedrigere Stufe zurückfällt. -
Wirst du denn, wenn du in der Schule von der 3.
Klasse in die 4. nicht versetzt wirst, in die 1. Klasse
gesteckt?" fragte der Apfelbaum.

"Nein. Dann bleibe ich in der 3. Klasse sitzen",
bestätigte Sven.

"Siehst du", sagte der Apfelbaum, "genauso ist es
in der geistigen Welt."

"Und was hat das mit uns Menschen zu tun?
fragte Sven.

"Sehr viel", antwortete der Apfelbaum. "Hat sich
ein Geist im irdischen Leben, also hier auf der Welt,
auf dem Wege zu Gott nicht vervollkommnet, so
wird er wieder Mensch. Jedes Leben ist eine
Prüfung. Wer durchfällt darf diese so oft machen,
bis er sie besteht. Das sind göttliche Gesetze, die für
die ganze Schöpfung gleichmäßig Geltung haben.
Bei Gott gibt es keine Willkür."

"Heißt das", fragte Sven beklommen, "daß wir
immerwieder auf die Erde zurück müssen, bis..."

"So ist es, Sven. Aber davon erzähle ich dir noch
viel mehr", schloß der Apfelbaum.

74

Dich gibt's nur einmal auf der Welt

"Aber du wolltest mir doch noch von Adam zu Ende erzählen", erinnerte Sven den Apfelbaum.

"Ja, das will ich auch", bestätigte der Apfelbaum. "Nur vorher möchte ich dir etwas viel Wichtigeres erklären."

"N o c h wichtigeres" wunderte sich Sven.

"Tja", erwiderte der Apfelbaum, "die Frage nämlich: wieso d u eigentlich l e b e n kannst!"

"Weil der liebe Gott das so will", stellte Sven fest.

"Das ist schon richtig", bestätigte der Apfelbaum, "aber kannst du mir nur e i n e n Menschen zeigen, der g e n a u s o aussieht wie du?"

"Der genauso aussieht wie i c h ..." wiederholte Sven nachdenklich. - "Eigentlich nein."

"Siehst du", fuhr der Apfelbaum fort, "es gibt nämlich auf der ganzen Welt nur e i n e n Sven. - Kein Mensch unter Milliarden von Menschen ist genauso, wie der andere. Ähnlichkeiten gibt es schon, aber auch Zwillinge, die fast nicht auseinanderzuhalten sind, unterscheiden sich voneinander im Äußeren und auch im Charakter", erklärte der Apfelbaum.

"Du hast recht", bestätigte Sven. "Wir haben zwei Mädchen in der Klasse, das sind Zwillinge. Und wenn die Moni nicht ein Muttermal am Arm hätte, würde ich die beiden verwechseln."

"Fein", sagte der Apfelbaum, "dann hast du das auch begriffen!"

"Kein Mensch, sieht genauso aus wie ich", sinnierte Sven. "Mich gibt es nur einmal auf der Welt. - Das kann ich kaum fassen!"

"Glaubst du nun, was Gott für ein wunderbarer Bildner ist? - Die höchste Intelligenz!"

"Aber - wie macht er das bloß?"

"Ich will es dir erklären", fuhr der Apfelbaum fort. "Gott hat unsere Erde, der Natur, den Tieren und den Menschen eine *göttliche Kraft* geschenkt, das ist die *Odkraft*. Das Wort *Od* mußt du dir merken, ich erzähle dir immerwieder davon. Od oder Odem könntest du vielleicht mit *Atem Gottes* übersetzen.

Erinnerst du dich an unser Gespräch über *Luft*? Od ist geistig. Od ist da, du kannst es nicht sehen oder anfassen, aber fühlen, spüren, es ist ja Kraft, besser gesagt, ein Kraftstrom. Geht dieser Kraftstrom aus uns heraus, so müssen wir sterben."

"Also, wenn der Kraftstrom Od aus mir raus ist", folgerte Sven, "dann bin ich tot?"

"Ja, - auch dies will ich dir durch ein Beispiel erklären", fuhr der Apfelbaum fort. "Ihr habt ein Auto."

Sven nickte zustimmend mit dem Kopf.

"Ein Auto besteht aus einer Karosserie und einem Motor. Damit allein kann dein Vater aber nicht fahren. Irgendwas fehlt doch noch?"

Sven überlegte krampfhaft. Was sollte da bloß noch fehlen?

Eine Weile schwiegen beide still. -

"Meinst du etwa das Benzin?" fragte Sven zaghaft.

"Prima, Sven, genau das meine ich!" rief der Apfelbaum. "Ohne Benzin, also ohne Kraftstoff, - das kann bei euren heutigen Autos auch elektrischer Strom sein - fährt kein Auto.

Setzen wir dies wieder ins Geistige um:

76

Die Karosserie, das bist du, das heißt, dein Körper, ist Materie, die kannst du anfassen. Den Motor vergleiche mit deinem Geist, der i n dem Auto steckt und es fortbewegt, und das Benzin ist der Kraftstrom, nämlich deine Seele."

"Wenn ich das richtig verstanden habe", warf Sven ein, "bestehe ich also aus Körper - Geist und Seele."

"Du hast es verstanden, Sven", bestätigte der Apfelbaum.

"Geist und Seele gehören eng zusammen, genau wie der Motor und das Benzin. - Und nun denk mal weiter, Sven! Wenn es kein Benzin gäbe, was würde da passieren?"

"Dann würde das Auto stehen bleiben und langsam vor sich hingammeln..."

"... bis es verrostet ist und zerfällt", vollendete der Apfelbaum Svens Ausführungen.

"Noch einmal, damit es klar ist", wiederholte der Apfelbaum, "die Seele ist der Kraftstrom für den Geist, und der Geist ist der Motor für deinen Körper, das heißt, daß der Geist deine Arme und Beine, deinen ganzen Körper bewegt. Allerdings könnte er das nicht, wenn du keinen materiellen Körper hättest. Darüber erzähle ich dir später noch, wenn du Geister plötzlich *sehen* kannst."

"Waas!" rief Sven, "Geister kann man w i r k - l i c h sehen? Ich denke, das zeigen die nur so im Fernsehen!"

"Hab Geduld, Sven", mahnte der Apfelbaum. "Wir haben noch lange Zeit, uns zu unterhalten. - Bis jetzt sei dies genug über Od, die Odkraft, den Odstrom, den *göttlichen Atem*, Sven", beendete der Apfelbaum das Gespräch.

Zauberei oder Wirklichkeit

"Grüß dich Gott, Sven!" rief der Apfelbaum dem Jungen zu, der mit hochroten Wangen auf ihn zustürmte. - "Du bist spät dran. Heute ist doch Sonntag. Hast du verschlafen?"

"Ich bin ganz aufgeregt", erklärte Sven. "Stell dir vor, im Kinderfernsehen haben sie gezaubert,- aber das war gar kein Zauber, das war Physik! Davon hast du auch schon mal gesprochen."

"Ist ja interessant", sagte der Apfelbaum, "dann fang' mal an zu erzählen."

"Der Mann im Fernsehen zeigte drei Räder, die nebeneinander standen, vielleicht so groß..." und Sven zeigte mit seinen Händen die Größe eines Rollerrades,... "mit Speichen, aber ohne Reifen. Die Speichen konnte man genau sehen. Dann drehte er das erste Rad, und die Speichen verschwammen. Es sah fast aus wie eine Sonne. Dann drehte er das zweite Rad schneller, auf einmal sah man nur eine silberne Scheibe. Und dann kam das Tollste. Er drehte das dritte Rad ganz schnell - und plötzlich war es weg, du, einfach weg, nur in der Mitte war ein Punkt, das war die Achse, wo die Speichen befestigt waren. Du, Apfelbaum, ich dachte ich seh' nicht recht, das kann doch nur ein Trick sein."

"Nein, erwiderte der Apfelbaum", das war kein Trick, dies hat mit Schwingung zu tun."

"Ja, das hat der Mann im Fernsehen auch ganz genau erklärt. Er hat gesagt: je höher die Schwingung, desto weniger kann es unser Auge sehen..."

"...oder überhaupt nicht mehr", fügte der Apfelbaum hinzu.

78

"Ja", bestätigte Sven. "Und dann wurde noch was gezeigt, mit Tönen. Da gibt es eine Pfeife - wenn man da ein wenig reinbläst, hört man sie noch, aber wenn man richtig reinbläst, kann man sie nicht mehr hören. Aber weißt du, w e r sie hört? Ein Hund! Das haben sie auch gezeigt. Hohe Töne haben eine andere Schwingung als niedrige Töne. Und ein Hund kann mit seinem Gehör diese hohen Schwingungen erfassen. - Die Sendung war Spitze!"

"Da hast du ja eine Menge gelernt", sagte der Apfelbaum bedächtig, "alle Achtung!"

"Hast du auch eine Schwingung?" Sven sah in das Geäst des Baumes, wo der Wind sachte die Blätter bewegte. "Ach ja, ich sehe es schon", beantwortete sich Sven seine Frage, "deine Äste wackeln hin und her."

"Das stimmt schon", sagte der Apfelbaum", alles auf unserer Welt schwingt, aber unter "Schwingung" ist eine gleichmäßige Bewegung gemeint. Wie bei den Rädern. Die wackelten auch nicht einfach hin und her, sie drehten sich zwar verschieden schnell, aber ganz gleichmäßig."

"Muß sich eine Schwingung immer drehen?" fragte Sven.

"Nein", entgegnete der Apfelbaum, "denk an deine Arme, die kannst du nach allen Seiten schwingen, von rechts nach links oder von oben nach unten, und wenn du das ganz gleichmäßig tust, kannst du es mit einer Schwingung vergleichen. Aber d i e Schwingungen, die ich meine, kannst du eben nicht mehr sehen. Fernsehwellen, Mikrowelle, Radio, Elektrizität, alles ist Schwingung, ebenso Farben, Töne, Gerüche, Geschmack, Licht, Finsternis, alles beruht auf Schwingung, und nun kommt etwas, was ich dir gestern erzählt habe, es sind *Odschwingungen*."

"Betrachte mal euren Chromtisch mit der Glasplatte, der in eurem Wohnzimmer steht, er ist fest und stabil. Dieser Tisch hat eine niedrigere Schwingung und auch eine andere Odzusammensetzung als euer Holztisch, der in eurem Bauernzimmer steht. Er ist aus echtem, gewachsenen Eichenholz. Der hat eine weit höhere Odschwingung", erklärte der Apfelbaum.

"D i e haben auch eine Schwingung?"

Sven schüttelte verständnislos den Kopf.

"Aber natürlich", versicherte der Apfelbaum. "Alles - alles ist im Schwingen."

Gedankenverloren schaute Sven durch die Äste des Baumes in den stahlblauen Himmel.

"Licht und Finsternis", wiederholte er langsam, "Licht hat also sehr hohe Schwingungen, dann muß die Finsternis eine sehr niedrige haben..."

Sven machte wieder eine Pause. In seinem Kopf schien sich etwas zusammenzubrauen. Er zog die Luft durch seine Nase, als wolle er an einer duftenden Blume riechen. "Apfelbaum", begann er, "wenn die Finsternis sehr niedrige Schwingungen hat, dann muß doch die Hölle auch ganz niedrige haben!"

"Ja, mein Junge, so ist es", bestätigte der Apfelbaum, "und auch unserer Erde hat sehr niedrige Schwingungen, - sie ist nicht allzu weit von Luzifers geistigem Reich entfernt, "setzte er raunend dazu.

"Dann haben die Sphären über uns höhere Schwingungen als wir", folgerte Sven. "Apfelbaum, Sven wurde ganz aufgeregt, "Apfelbaum, dann haben ja die Engel auch höhere Schwingungen, und deshalb können wir sie nicht sehen!"

"Und ein feineres Od", ergänzte der Apfelbaum.

Ist Od in unserer Petersilie?

Vier Tage hatte es geregnet, was der Himmel nur hergeben konnte. Sven war ganz traurig, denn er brannte vor Sehnsucht nach seinem Freund. Heute jedoch blitzte bereits ab und zu die Sonne durch die grauen Regenwolken.

Sven zog sich sofort die Gummistiefel an, schlüpfte in seinen gelben Regenumhang und stülpte sich die Kapuze über den Kopf. Er sah aus wie ein "Mondmännchen". Dann stapfte er durch das pitschnasse Gras auf den Apfelbaum zu. Als dieser Sven kommen sah, begann es in seinem Geäst zu flüstern und zu wispern, leise bewegte sich jedes einzelne Blatt, - und auf einmal schüttelte sich der Baum, sodaß die Tropfen wie kleine Diamanten durch die Luft tanzten.

"Komm' herauf, kleiner Sven!" rief der Apfelbaum. "Zieh' deine Regensachen aus, bei mir ist alles trocken!"

Das ließ sich Sven nicht zweimal sagen. Im Nu hatte er seinen Baumsessel erreicht. Er fuhr mit seiner Hand über das Sitzbrett, aber es war staubtrocken. Sven wunderte sich zwar darüber, aber er sagte nichts.

"Sven!" begrüßte ihn der Apfelbaum. "Wir haben uns lange nicht gesehen, es war richtig langweilig ohne dich."

"Und ich konnte es kaum erwarten, zu dir zu kommen", sagte Sven, "ich muß dir ein Geheimnis verraten."

"Ein Geheimnis", säuselte der Apfelbaum, "ein Geheimnis verrät man doch nicht!"

"Dir ja", flüsterte Sven, "dir muß ich es erzählen.

82

- Mam hat gesagt, wir bekommen bald ein Baby, vielleicht in einem halben Jahr oder so. Ob es ein Brüderchen oder ein Schwesterchen wird, das weiß sie selbst noch nicht. Na, - warten wir's ab", fügte Sven ergeben hinzu.

"Das ist ja eine wunderbare Botschaft", sagte der Apfelbaum erfreut, "dann werde ich ja bald zwei Besucher haben!"

"Das weiß ich noch nicht", wehrte Sven ab, "ich habe selbst noch genug Fragen."

"Und welche Fragen hast du noch auf dem Herzen, Sven?" fuhr der Apfelbaum fort.

"Du hast doch das letzte Mal gesagt, ich soll mir das Wort *Od* gut merken. Du hast auch gesagt, Od ist in der Luft und überall. Dann ist es doch auch im Wasser, in Blumen und in unserer Petersilie?" folgerte Sven.

"Sicher", bestätigte der Apfelbaum, "aber wie kommst du gerade auf Petersilie?"

"Weil Mam sie auf unsere Nudelsuppe gestreut hat", antwortete Sven, "und sie sagte, Petersilie ist gesund, die hat viele Mineralien. Und da habe i c h gedacht, sie meint vielleicht Od."

"Sven, ich muß dich ehrlich bewundern", sagte der Apfelbaum anerkennend, "was für Gedanken du dir machst!"

"Ja und wo kommt das Od denn eigentlich her? Vom lieben Gott?" fragte Sven weiter.

"Letztendlich schon", bestätigte der Apfelbaum, "alles kommt von Gott. Aber auch hier gibt es Gesetze, Naturgesetze.

Od kommt von der Erde. Die Erde als Weltkörper - als Planet - hat eine Odmischung und Odstrahlung, die a l l e Odarten enthält, welche für

die auf ihr befindlichen Lebewesen notwendig sind.
Das Od der Erde setzt sich zusammen aus dem Od,
das sie selbst als Weltkörper besitzt. Außerdem
nimmt sie die Odstrahlung all der Weltkörper, die
sich im Bereich der Erde befinden, in die eigene
Odmischung auf. Jeder dieser Weltkörper hat ein
ihm eigentümliches und besonderes Od, das bei
keinem anderen Weltkörper in dieser Art und
Mischung zu finden ist.

Die Mischung des Od der Erde mit dem Od der
sie umgebenden Weltkörper ist von der größten
Bedeutung für das Leben und das Wachstum auf
der Erde."

Der Apfelbaum schwieg.-

"Mmm", - machte Sven und lehnte sich in seinem
Baumsessel zurück.

"Was ich dir gerade erzählt habe, ist für ein Kind
schwer zu verstehen", gab der Apfelbaum zu,
"aber..."

"Nein! Nein!" verteidigte sich Sven leidenschaftlich, "das habe ich schon verstanden -
wenigstens ein bißchen", lenkte er ein, "ich bin doch
nicht doof!"

"Nein, Sven, du bist ganz und gar nicht doof, im
Gegenteil, "warf der Apfelbaum ein, "aber was ich
dir gerade vorgetragen habe, ist die Belehrung eines
hohen Engels. Und das ist wirklich nicht einfach.
Die meisten, sogar klügsten Erwachsenen können -
oder wollen - es nicht begreifen. Doch irgendwann
bekommen sie ein Zeichen...", vollendete der Apfelbaum seine Rede.

Gedankenverloren riß Sven ein Blatt von einem
Ast und besah es sich von allen Seiten.

"Au!" wisperte es im Apfelbaum. "Das ziepst!"

84

Sven reagierte nicht, er war so sehr mit seinen Gedanken beschäftigt.

"Demnach", begann er langsam, "demnach hat dieses Blatt doch auch Od!"

"Stimmt", bestätigte der Apfelbaum. "Aber jetzt, wo es von mir getrennt ist, ist es tot. Es wird verwelken und sich in die Odmischung, aus der es entstanden ist zurückverwandeln, es wird wieder zu Erde. Geistig gesehen ist es jedoch noch an mir. Alles was du von mir abreißt, das heißt, was nicht mehr mit meiner Wurzel verbunden ist, verliert die Kraftstoffzufuhr von frischem Od."

Sven war betroffen.

"Und wenn ich eine Blume pflücke, dann passiert dasselbe?" fragte Sven. "Aber die stehen doch noch lange in der Vase!"

"Nur so lange, wie noch Od enthalten ist. Außerdem bekommt die Blume eine "Ersatzodzufuhr", nämlich frisches Wasser, und frisches Wasser hat viel, viel Od", erklärte der Apfelbaum.

"Dann ist Wasser für uns ja auch wichtig!" fügte Sven hinzu.

"Lebenswichtig", bestätigte der Apfelbaum. "Du kannst Wochen ohne Essen sein - denk' an das Gesundheitsfasten, was viele Menschen gerade in der heutigen Zeit machen, - ohne Wasser jedoch würden sie sehr schnell sterben."

"Ja, das weiß ich", pflichtete Sven bei.

Liebevoll strich Sven über die Blätter des Apfelbaums.

"Ich will dir kein Blatt mehr ausreißen", versprach Sven.

"Mach keine Affäre daraus", sagte der Apfelbaum belustigt, "es ziepst halt nur!"

Adam wird Mensch

Die Sonne hatte nun endgültig die Regenwolken vertrieben und strahlte vom blauen Himmel.

Sven war vom Sportplatz gekommen, wo sie fleißig für ihr Ausscheidungsspiel gegen die Parallellklasse trainiert hatten. Sven nahm sich nicht einmal die Zeit zum Umziehen, er turnte sofort in seinen Apfelbaum.

"Wir haben 6:2 gewonnen!" jubelte er. "Der Thomas stand im Tor, der war heute Spitze!"

"Wie ist eigentlich die Geschichte mit dem Kampf um die erste Klassensprecherin ausgegangen?" erkundigte sich der Apfelbaum.

"Ach die", Sven machte eine abwehrende Handbewegung. "Miriam ist natürlich erste geblieben, und die "Rebellen" mußten klein beigeben. Die hatten die Nase voll von ihrer Strafarbeit. Da denken sie heute noch dran."

"Na ja", sagte der Apfelbaum, "Strafe muß halt sein."

"Übrigens Strafe", hakte Sven ein. "Du wolltest mir doch erzählen, wie Adam Mensch wurde. - Weißt du, Apfelbaum", sagte Sven entschuldigend, "soo sehr interessiert mich das eigentlich gar nicht mehr. Du kannst so wunderbare Dinge erzählen, die mit meinem Leben j e t z t zu tun haben!"

"Aber die Entstehung des Menschen hat doch mit deinem jetzigen Leben viel zu tun", entgegnete der Apfelbaum, "sonst wärst du ja nicht hier!"

"Ja das stimmt schon, gab Sven zu, "aber..."

"Gut, ich will mich so kurz wie möglich fassen, damit es nicht zu schwer für dich wird", lenkte der Apfelbaum ein.

"Adam", begann er, "Adam - ich betone noch einmal, wie er in eurer Bibel genannt wird - war ja ein hoher Engelfürst und wurde in die Sphären der Finsternis verwiesen, weil er Gott untreu wurde. Ebenso Eva, Adams geistiges Dual. Das alles weißt du bereits. Er mußte nun die einzelnen Sphären aufsteigen, bis in die höhere Tierwelt. Als sein Geist in einem der edelsten Tiere verkörpert - man nennt es inkarniert - war, starb dieses Tier und sein Geist wurde frei. Er war reif für eine menschliche Verkörperung.

Gott formte nicht aus Lehm oder so, wie du einmal gesagt hast, den Menschen, wie ein Künstler eine Figur aus Gips oder Kupfer herstellt, sondern...

"..aber das steht doch in meiner Kinderbibel!" unterbrach Sven.

"Das ist eben nicht ganz richtig", widersprach der Apfelbaum, "Gott verkörperte den Geist *Adam* nach ganz bestimmten Gesetzen. Geist kann *materialisiert* werden, damit ihn Menschen sehen können, und das geschieht mit Hilfe des Od. Auch hier habe noch Geduld", sagte der Apfelbaum, "das erzähle ich dir später noch genauer.

Adam war also das erste reife Geistwesen, also noch kein Mensch. Gott nahm nun das Od der Erde und zwar eine solche Odmischung, wie sie dem menschlichen Körper entsprach. Es war dasselbe Od aus dem sich auch heute noch die Körper des Menschen auf dem Weg des Wachstums bilden.

Gott umbildete diese geistigen Glieder jenes Geistwesens mit einer Hülle mit verdichtetem Od. Das ist das Gesetz für alle materiellen Wesen.

"Und Eva?", fragte Sven. "Sie kam doch später auf die Welt!"

"Ja, sie hatte größere Schuld auf sich geladen als Adam, weil sie als Verführte ihn auch verführte. Und der Verführer wird gerechterweise strenger bestraft. Ihr Geist mußte deshalb länger warten, bis er reif wurde. - Aber alles der Reihe nach", beschwichtigte der Apfelbaum den Jungen.

"Adam war nun Mensch geworden. Gott hatte ihm zwei Eigenschaften mitgegeben, wodurch er sich von den Tieren unterschied: einmal war es der freie Wille, zum anderen der aufrechte Gang."

"Er konnte also von Anfang an auf zwei Beinen laufen", warf Sven ein. "Aber die Tiere können das auch. Im Zirkus laufen die Affen und Bären auch auf zwei Beinen."

"Aber nur kurze Zeit", berichtigte der Apfelbaum Sven. "Wenn sie ihre Kunststücke beendet haben, fallen sie wieder auf ihre Vorderfüße. Du aber läufst deine Leben lang auf zwei Beinen."

"Richtig", sagte Sven nachdenklich. "Darüber habe ich mir noch nie Gedanken gemacht."

"Gut", fuhr der Apfelbaum fort. "Adam war nun Mutterseelenallein auf der Welt, nur Pflanzen und Tiere hatte er um sich. Er wartete sehnlichst auf die Stunde, wo der nächste Geist sich zur Reife für eine menschliche Verkörperung durchgerungen hatte. Dieser Tag kam. Ein weiblicher Geist hatte diese Stufe erreicht."

"Und das war Eva!" ergänzte Sven. "Sie ist wahrscheinlich genauso entstanden wie Adam."

"Nicht ganz so", erwiderte der Apfelbaum. "Bei Eva brauchte Gott nicht mehr das Od der Erde nehmen, er hatte jetzt ein *Materialisationsmedium*, und das war Adam."

"Meine Güte!" rief Sven. "D a s kapier' ich jetzt wirklich nicht mehr."

"Das kannst du auch nicht", sagte der Apfelbaum. "Von den Gesetzen der Materialisation erzähl' ich dir noch. Hab' ich dir ja versprochen", fügte er hinzu.

"Aber jetzt weiß ich wie's weitergeht", sagte Sven. "Sie bekamen Kinder und die bekamen wieder Kinder; und die bekamen wieder Kinder..."

"Genau", bestätigte der Apfelbaum. "Das erste Menschenpaar war geschaffen. Von ihm sollte auf dem Weg der Zeugung das ganze Menschengeschlecht abstammen."

"Und wie lange hat das gedauert?" fragte Sven.

"Millionen von Jahren", antwortete der Apfelbaum. Eine unvorstellbar lange Zeit."

"Apfelbaum", sagte Sven nachdenklich," wenn ich mir vorstelle, daß Adam und Eva ganz alleine auf der Erde waren, wie konnten sie denn wissen, was sie alles tun mußten?"

"Eine gute Frage, Sven! Sie besaßen beide außerordentliche mediale Kräfte und standen ständig auf medialem Wege mit der Geisterwelt in Verbindung. - Du willst sicher wissen, was medial ist. Wenn Menschen sich mit der Geisterwelt "unterhalten" können, das heißt, mit der Geisterwelt "kommunizieren", dann spricht man von medial."

"Sind das besondere Menschen?" wollte Sven wissen.

"Ja und nein", sagte der Apfelbaum. "Jeder Mensch besitzt mediale Kräfte, nur bei dem einen Menschen sind sie ausgeprägter und bei dem anderen nicht. Auch das hängt mit dem Od zusammen. Kinder, zum Beispiel, besitzen sehr viel Od, sie sind daher auch besonders feinfühlig, also medial. Es gibt Kinder, die sehen oder empfinden Geistwesen, ich denke an Engel oder Elfen oder vielleicht sogar Zwerge."

"Und das ist kein Märchen?" fragte Sven erstaunt.

"Nein, das ist kein Märchen", sagte der Apfelbaum entschieden.

"Bin ich auch medial?" fragte Sven.

"Ja Sven, du bist medial, sonst würdest du dich nicht mit mir unterhalten können!"

"Dann bist du ja auch medial", folgerte Sven.

Und wieder begann ein Rauschen und Raunen in dem Baum, als wenn sich tausend Wesen zwischen den Zweigen bewegten.

"Habe ich dir nicht am Anfang unserer Freundschaft gesagt", erinnerte der Apfelbaum Sven, "...in der Erde sind meine Wurzeln, meine Krone ist zum Himmel geöffnet, und ich werde gespeist von dem Licht, das von oben her kommt."

Liebe deinen Nächsten wie dich selbst

"Ach, lieber Apfelbaum", begann Sven das Gespräch, du glaubst gar nicht, wie glücklich ich heute bin!"

"So etwas höre ich gerne", raunte der Apfelbaum. "Und was macht dich so glücklich?"

"Ich freu' mich ganz doll über unser Baby. Mam's Bauch wird immer dicker, und ich darf meine Hände und meinen Kopf drauflegen, und dann fühle ich, wie sich das Baby bewegt. Es wächst und wächst", und seine Hand blieb an einem heranwachsenden Apfel hängen.

"Was du jetzt zwischen deinen Fingern hältst", erklärte der Apfelbaum, "ist m e i n "Baby". Wenn dein Schwesterchen oder Brüderchen auf die Welt kommt, werden meine Äpfel auch reif sein. Dann habe ich wieder einmal meine Aufgabe erfüllt", fügte der Apfelbaum hinzu.

"Du hast doch gesagt, alle Menschen müssen im Leben ihre Aufgabe erfüllen. Wie soll i c h denn wissen, wie ich meine Aufgabe erfüllen muß?" fragte Sven.

"Eigentlich ganz einfach", erwiderte der Apfelbaum. Gott hat euch Menschen doch zehn Gebote gegeben, und eines davon lautet: "Liebe deinen Nächsten, wie dich selbst".

"Wie m i c h s e l b s t ?" Sven zog die Stirn kraus. "Ich soll m i c h selbst lieben? Wie soll ich denn das machen? Ich freue mich, daß du mein Freund bist. Ich freue mich einfach, daß ich auf der Welt bin!"

"Also liebst du dich doch", bestätigte der Apfelbaum. "Und das sieht man dir auch an. Beobachte mal die Menschen, wenn du in die Schule gehst. Einige schlurfen daher, mißmutig, mit traurigen Gesichtern und hängenden Mundwinkeln, und ihre Augen sind trüb und ohne Freude. Weißt du warum? Weil sie sich nicht lieben! Sie sehen nicht die herrliche Natur, die blühenden Blumen und den blaue Himmel. Sie kennen nur ihre Sorgen, und diese grauen Gedanken hängen wie Blei an ihnen!"

"Aber vielleicht haben sie auch Sorgen", gab Sven zu bedenken.

"Sicher, jeder Mensch hat seine Probleme", bestätigte der Apfelbaum. "Aber wenn sie sich - und den Anderen - lieben würden, wäre alles viel leichter."

"Ich finde das gar nicht so leicht", warf Sven ein.

"Mach mal ein "Spiel mit der Liebe", schlug der Apfelbaum vor.

"Waas? Ein "Spiel mit der Liebe", fragte Sven verwundert.

"Paß auf! - Der erste Schritt ist, daß du jeden Menschen auf der Straße ins Gesicht siehst und ihn anlächelst. Beobachte mal, was dann passiert."

"Der wird denken, ich bin verrückt", sagte Sven.

"Nein", entgegnete der Apfelbaum, "versuch's mal! Manche Menschen werden gleichgültig bleiben, vielleicht, aber viele werden zurücklächeln. Du zündest nämlich in den Herzen der Menschen einen Funken an, auch wenn sie nur denken: das war aber ein freundlicher Junge. Sie werden wenigstens für einen Moment glücklich sein."

"Und d a s kann i c h bewirken?" fragte Sven skeptisch.

"Versuchen", ermunterte der Apfelbaum.

Sven wurde immer nachdenklicher.

"Und der zweite Schritt ist der, daß du deine Umgebung genau beobachtest. Plötzlich siehst du einen alten Mann, der an Krücken humpelt, ein junges Mädchen, das ihren Arm in der Schlinge trägt, weil sie den Arm gebrochen hat, du siehst einen Menschen im Rollstuhl sitzen, oder ein altes Mütterchen, das gebückt an einer schweren Tasche trägt, oder, oder - einfach nur unglücklich aussehende Menschen. Jedem dieser Menschen schicke im Stillen ein : Gott segne dich! zu."

"Apfelbaum", sagte Sven vorwurfsvoll", du willst mich wohl veräppeln. Das hören die doch gar nicht. Und wenn sie es hören könnten, würden sie sich totlachen!"

"Gedanken, ob gut oder böse, haben eine ungeheure Kraft, Sven", belehrte ihn der Apfelbaum. "Es gibt Menschen, die diese Kraft nutzen, um einem anderen bitter zu schaden. Aber gute Gedanken sind enorme Energien, die den anderen Menschen aufbauen. Und wenn du mit aller Liebe "Gottes Segen" wünscht, gibt auch Gott seinen Segen deinem Nächsten."

"Gedanken geben Kraft" - murmelte Sven vor sich hin", - Gedanken sind Energien - liebe deinen Nächsten - Gott segne dich..."

"Gott ist die Liebe", sagte der Apfelbaum, "und die Liebe fließt durch dich, wenn du dein Herz öffnest - und sie fließt zu dem Nächsten. Liebe ist ein *Wunderwort!*"

Es tut mir leid, Thomas

Sven stand am Fenster seiner Klasse und schaute sehnsüchtig auf den Schulhof, auf dem die große, grüne Tischtennisplatte stand.

Ich möchte so gerne mal wieder spielen, dachte er. Das wäre doch jetzt die beste Möglichkeit.

Zaghaft ging er zu Frau Weiß, die an ihrem Schreibtisch saß und Hausaufgaben korrigierte.

"Frau Weiß", sagte er leise, "Frau Weiß, dürfen wir in der Freistunde Tischtennis spielen?"

"Tischtennis", wiederholte die Lehrerin. "Sven, das geht nicht. Wenn etwas passiert, bin ich verantwortlich. Und ich habe nächste Stunde Unterricht, da kann ich mich nicht um euch kümmern."

"Aber Fräulein Winter ist doch da. Die paßt doch auf uns auf", bohrte Sven weiter.

Fräulein Winter war eine junge Studentin der Pädagogischen Hochschule, die ihr Praktikum machte. Die Kinder liebten sie sehr, weil sie immer fröhlich und zu jedem freundlich war.

"Nun ja", lenkte Frau Weiß ein, "wenn das so ist, dann meinetwegen." Sie stand auf und holte die Tischtennisschläger aus dem Schrank.

"Hier sind zwei Schläger und zwei Bälle, Sven. Du trägst die Verantwortung, daß alles wieder ordnungsgemäß bei mir landet!" Mit diesen Worten übergab Frau Weiß Sven die Schläger und die Bälle.

Sven jubelte. Er hielt einen Schläger in die Luft und rief: "Wer will mit mir Tischtennis spielen?"

Thomas war der erste, der "ich" schrie. Das Pausenzeichen war noch nicht beendet, als alles auf den Hof stürmte.

Die Mädchen setzten sich mit Fräulein Winter auf eine Bank, und die Jungen wollten bei Thomas und Sven bleiben.

Beide waren gute Spieler. Es war eine Freude , ihnen zuzusehen. Nachdem sie sich warm gespielt hatten, schlug Thomas vor, ein "Match zu machen".

Sven war einverstanden. Sieben Spiele sollten gespielt werden. Ein Schiedsrichter wurde ausgewählt, und dann ging's los.

Sven war sehr aufgeregt, denn er spielte leidenschaftlich gern Tischtennis. Wie ein Gummiball hüpfte er hin und her, schlug daneben oder zu weit - kurzum, er verlor. Thomas fühlte sich mächtig überlegen.

"Na, Kleiner", frozzelte er, "großer Mund und nichts dahinter, was? - Warte! Jetzt kommt die Revanche für das Fußballspiel letzte Woche!"

Sven wurde nervös. Und wenn man nervös ist, klappt überhaupt nichts mehr. Er verlor auch das zweite Spiel. Jetzt wurde es langsam ernst. Sven packte der Ehrgeiz. Ich muß gewinnen, dachte er, ich muß, ich muß gewinnen!

Sven spielte ganz konzentriert. Er gewann das Spiel, wenn auch knapp, aber er hatte gewonnen. Es stand 2:1 für Thomas. Er ärgerte sich zwar über Svens Sieg, denn er war ein schlechter Verlierer, aber sagte scheinbar überlegen:

"Gut ,Kleiner! - Na ja, eine blinde Henne findet auch mal'n Korn!"

Sven aber hatte Mut bekommen. Die nächsten zwei Spiele gewann er. Thomas wurde immer wütender. Er donnerte die Bälle nur so auf den Tisch, schnitt sie oder setzte sie auf die Kante, daß Sven sie nicht mehr halten konnte.

Dieses Spiel ging an Thomas. Nun kam die Entscheidung.

Thomas war außer sich vor Wut, als er merkte, daß seine Chancen immer geringer wurden. Plötzlich nahm er den Schläger und knallte ihn mit voller Wucht auf den Schulhof. "Du Dreckskerl, du elender, mit dir zu spielen is' ja das letzte!" schrie er.

"Du Idiot!" schrie Sven zurück, wenn der Schläger kaputt ist, bin ich schuld!"

Sven bückte sich und wollte den Schläger aufheben, da trat ihn Thomas in den Hintern, sodaß Sven der Länge nach hinfiel. Das war zu viel! Er sprang auf, packte Thomas am Kragen und wollte ihn verprügeln. Im Nu kam es zu einer handfesten Rauferei. Fräulein Winter wollte die beiden Kampfhähne auseinanderreißen, - aber zu spät. Thomas hatte sich gerade auf Sven stürzen wollen, als er ausrutschte, auf die Kante der Tischtennisplatte prallte und auf den Boden fiel. Sofort bildete sich ein Blutfleck.

Sven war entsetzt. Fräulein Winter holte den Verbandskasten aus ihrem Auto und versorgte die Wunde. Es hatte schlimmer ausgesehen, als es war. Thomas stand schon wieder auf den Beinen.

"Es tut mir leid, Thomas, das wollte ich nicht!" Sven streckte ihm die Hand hin.

Haßerfüllt sah Thomas seinen Klassenkameraden an. Und plötzlich dachte Sven an seinen Apfelbaum. Da geschah etwas Seltsames. - Obwohl Sven es gar nicht wollte, rutschten ihm die Worte heraus: "Thomas, du bist ein prima Kerl. Ich hab dich gern."

Oft habe ich mir gewünscht
lieber tot zu sein

Die Schule war aus. Mit großem Hallo verließen die Schüler das Haus, fanden sich in Gruppen und zerstreuten sich nach allen Richtungen ihrer Heimat zu, froh, endlich ihre Freizeit zu haben.

Sven ging mit Serpil, einem türkischen Mädchen, mit langem pechschwarzem Haar und großen, dunklen Augen. Wie zufällig gesellte sich Thomas zu den beiden. Serpil schwärmte: "Bei uns gibt's heute ein supertolles Essen. Eierkuchen mit Preiselbeeren und Schlagsahne. Ich kann's kaum erwarten. Sie schnalzte mit der Zunge und verdrehte ihre Augen.

"Eierkuchen ist doch ein echt deutsches Essen", sagte Sven. "Eßt ihr denn in der Türkei auch so was?"

"Nicht direkt", redete sich Serpil heraus und um abzulenken fragte sie: "Und was gibt's bei euch, Thomas?" -

"Nichts", grollte er.

"Nichts!" äffte Serpil nach. "Auch gut, - tschüß, bis morgen!" Mit diesen Worten rannte sie über die Straße und verschwand hinter der Haustür. Sven und Thomas liefen schweigend nebeneinander her.

Thomas hatte etwas auf dem Herzen, was er loswerden wollte. Das spürte Sven ganz genau.

"Was du vorhin gesagt hast," begann Thomas zögernd, "das hat noch niemand in meinem ganzen Leben zu mir gesagt."

"Was meinst du?" fragte Sven. Er bekam einen roten Kopf, denn er ahnte, was jetzt kam. Ihm war es richtig peinlich.

"Na, - ich hab' dich gern. - Weißt du , mich liebt niemand. Ich bin fast immer alleine. Mal ist meine Mutter zu Hause, mal nicht, meistens nicht. Was sie macht, weiß ich eigentlich gar nicht richtig. Aber wenn sie abends kommt, hat sie was getrunken. Sie ist, wie heißt das - Alkoholikerin, mußt du wissen, nicht schlimm, aber es reicht. Wenn sie zu Hause ist, meckert sie an mir rum. Dann sagt sie, ich bin ein Drecksack, aus mir wird nie was und so. Früh macht sie mir mit Ach und Krach was zu essen und nörgelt und nörgelt. Da bleibt mir schon der Bissen im Halse stecken, denn die Meckerei geht wieder von vorne los. Ich werde dann so wütend, daß ich wegrenne. Und wenn ich dann in der Schule bin, könnte ich alles kurz und klein schlagen!"

"Und - dein Vater?" warf Sven zaghaft ein.

Thomas lachte verzweifelt auf.

"Dann ist alles noch schlimmer. Alle Jubeljahre kommt er mal zum Wochenende. Sonst ist er mit seinem Laster unterwegs. Und wenn er da ist, rauscht der Teufel durch die Bude. Wenn meine Mutter getrunken hat, fängt er an, zu brüllen und zu toben und schlägt sie windelweich. Ich heule dann, schreie und will ihr helfen. Dann geht der Alte auf mich los. Hier!" Thomas schob sein T-Shirt hoch und zeigte Sven die blauen und grünen Flecken auf seinem Rücken.

"Es ist schrecklich. Oft habe ich mir gewünscht, lieber tot zu sein." Sven hatte aufmerksam zugehört. Was Thomas da gerade erzählt hat, traf ihn in den tiefsten Tiefen. Er war völlig hilflos, aber ihm wurde klar, warum Thomas oft so rabiat war.

" Aber heute war es anders", unterbrach Thomas' Stimme seine Gedanken. "Als du gesagt hattest:

98

Ich hab' dich gern , da wurde mir plötzlich ganz warm, so, als wenn ich in einem Pelzmantel stecken würde. Dann habe ich dich angesehen, und du standest da, einfach so, aber um dich herum war lauter Licht. Du sahst aus wie - ja, wie ein Engel. Das war alles ganz komisch!"

Thomas blieb stehen.

"So, ich bin zu Hause. Hier wohne ich."

Langsam stapfte er die drei Stufen zu seiner Haustür hoch. Dann drehte er sich noch einmal um. und deutete ein Winken an.

"Du bist ein prima Kerl, Sven. Ich hab' dich gern!"

" Ich auch, Thomas!" und das kam von ganzem , ganzem Herzen.

Sven kletterte auf den Apfelbaum. Aber heute war es, als erklimme er einen riesigen Berg.

Er ließ sich auf den Baumsessel fallen und lehnte seinen Kopf an einen dicken Ast.

"Ich bin todmüde", stöhnte er, "ich weiß gar nicht, warum!"

"Du hast heute viel erlebt, kleiner Sven", sagte der Apfelbaum liebevoll. "Erst das Spiel, dann die Rauferei, und die Geschichte mit Thomas hast du auch noch nicht verkraftet. Das war schon eine Menge. - Aber du hast auch einen Menschen glücklich gemacht!"

"Ich frag' mich nur wieso ich ihm sagen konnte: ich hab' dich gern. Das wollte ich garantiert nicht. Plötzlich rutschte es raus."

"Ich will es dir erklären", sagte der Apfelbaum. "In dem Moment, als du an mich gedacht hast, warst du voller Liebe. Du hattest Mitleid mit Thomas. Aber aus eigener Kraft hättest du das nicht sagen können, weil du dich geschämt hättest. In diesem Moment setzte die Hilfe deines Schutzengels ein, er legte dir die Worte in den Mund, die dir "so rausrutschten"! Das war Liebe, und Liebe bedeutet Licht und Licht ist eine hohe Schwingung. Dein ganzes Inneres war Licht, und das hast du ausgestrahlt. Was Thomas gesehen hat, war deine Aura. Daß er diese Aura sah kam daher, daß auch in ihm Licht war. Hier sind sich zwei geistige Wesen begegnet. Nur Thomas weiß von diesen Vorgängen nichts. Er war einfach glücklich."

"Trotzdem tut er mir leid", sagte Sven.

"Vielleicht hat er es ja so gewollt", entgegnete der Apfelbaum, "er hat sich womöglich seine Eltern mit Gottes weisem Rat selbst ausgesucht!"

"Wie kann sich Thomas seine Eltern selbst ausgesucht haben?" fragte Sven fassungslos.

" Laß dies für heute genug sein, Sven. Dein Tag war so ausgefüllt, daß du dir deine Ruhe redlich verdient hast. Gott segne dich Sven."

Und zum ersten Mal brachte Sven die Worte über die Lippen, die ihm der Apfelbaum beim "Spiel mit der Liebe" empfohlen hatte: "Gott segne dich, lieber Apfelbaum."

Christus baut eine Brücke

"Apfelbaum! - Apfelbaum! - es wird ein Mädchen! "

Noch bevor Sven seinen Baumsessel erreicht hatte, mußte er seine frohe Nachricht loswerden.

"Und woher weißt du das?" fragte der Apfelbaum.

Mam war heute beim Arzt, und durch Ultraschall hat er es festgestellt, sagt sie. Vor Freude ist sie fast aus dem Häuschen. "

"Weißt du auch schon, wie sie heißen soll?" fragte der Apfelbaum.

"Ja. - Wahrscheinlich Marie - Christine", antwortete Sven.

"Marie - Christine Jacobus", wiederholte der Apfelbaum , "ein sehr schöner Name. Er klingt wie eine Melodie!"

In diesem Moment begann es zwischen den Blättern ganz leise zu singen, und die Töne schwangen in den Äther und vereinigten sich zu einer überirdischen Musik, die für ein Menschenohr kaum hörbar war.

Sven empfand diese Musik. In ihm entstand ein Gefühl der Leichtigkeit, der Schwerelosigkeit. Ihn packte eine unbändige Sehnsucht hinauszufliegen, zu fliegen, wie ein Vogel über Häuser und Berge, über Länder und Meere, hinein in die Unendlichkeit.

"Bleib hier, Sven!" mahnte der Apfelbaum. "Reisen in andere Sphären ist für dich noch nichts!"

Sven schüttelte sich, als würde er einen Traum vertreiben wollen. "Was hast du gerade gesagt? Reisen in andere Sphären...? Was für Spähren meinst du? Und was für Reisen meinst du?"

101

"Man sagt "Astralreisen" dazu. Dabei löst sich der Geist vom Körper und begibt sich in eine andere Ebene.

"Ist das auch eine Ebene, wo Geistwesen sind?" fragte Sven. "Ja, Sven. Aber auch diese Astralreisen müssen unter göttlichem Schutz erfolgen. Und das war eben bei dir nicht ganz der Fall. Durch deine Freude über dein Schwesterchen - und auf der anderen Seite die Freude, daß ein neues Geistwesen bald bei deinem Schwesterchen einziehen darf, näherten sich zwei Schwingungen, das heißt, deine Schwingung erhöhte sich auf die Ebene, in der die Geistwesen sich befinden, die darauf warten, inkarniert, also verkörpert, zu werden."

Sven schaute gedankenverloren in die Weite.

"Das mußt du mir noch genauer erklären, Apfelbaum", bat Sven.

"Das will ich gern", sagte der Apfelbaum .

"Doch bevor ich weiter erzähle, muß ich etwas einfügen, damit du die verschiedenen Spähren, oder die "Besserungsstufen" , leichter verstehst. Denk' an das hohe Haus. Der tiefe, finstere Keller ist das Reich Luzifers. Im Erdgeschoß beginnt der Aufstieg in die weiteren Stockwerke."

"Dann ist das Erdgeschoß die Grenze zwischen Himmel und Hölle" , unterbrach Sven.

"Ganz recht. Und über diese Grenze des Herrschaftsbereiches Luzifers konnte kein gefallenes Geistwesen gehen. Sie hatten sich ja damals aus freiem Willen von Gott abgewandt und sind mit Luzifer gegangen. Und der hat sich natürlich gefreut, so viele Untertanen zu haben. Obwohl ein großer Teil ihren Abfall von Gott bitter bereuten und zurück wollten, Luzifer ließ keinen mehr los.

Das hatte ihm Gott auch zugestanden, er mußte es auch, denn Gott hat diese Gesetze geschaffen ,und er hält seine Gesetze ein."

"Aber hätte er nicht auch einmal eine Ausnahme machen können?" fragte Sven. "Nein. Die Abtrünnigen sind aus freiem Willen gegangen, sie sollen auch aus freiem Willen, das heißt: aus tiefstem Herzen überzeugt, - wieder zu Gott zurückkommen. Und ohne Prüfung geht das nicht. Er begann mit Adam und Eva, von denen die ganze Menschheit körperlich abstammt. Diese "Menschheit" bildete die höchste irdische Besserungsstufe im Aufstieg der gefallenen Geister, ich sagte damals "gefallenen Engel".

Erst als Christus, als Jesus, auf die Erde geschickt wurde und die Menschheit durch seinen Tod erlöste, wurde Luzifer durch Christus gezwungen seine Grenze zu öffnen, das heißt, er konnte keinen gefallenen Geist, der zu Gott wollte, mehr zurückhalten."

"Und vorher," wollte Sven wissen "wo blieben diese Geistwesen vorher?" "Bevor dieser Erlöser kam, mußten alle Menschengeister in der Menschenspähre bleiben, sei es als materiell verkörperte Menschen, - so wie du und alle Menschen, die du siehst - sei es als Geister in einer geistigen Sphäre, die der Höhe des irdischen Menschen entsprach. Aber davon erzähl ich dir noch."

"Wenn ich das richtig verstanden habe", sagte Sven, "müssen die Menschen dem Herrn Jesus Christus doch ganz doll dankbar sein, daß er uns Menschengeister erlöst hat. Weißt du, Apfelbaum, ich stelle es mir vor, wie eine schmale Brücke, die er gebaut hat, die über eine ganz, ganz tiefe Felsspalte führt. Und diese Brücke führt von der Hölle zum Himmel. Über so eine Brücke sind meine Mam und mein Paps gegangen, als wir in Urlaub in den Dolomiten waren. Ich kann mich noch genau daran erinnern, ich hatte fürchterliche Angst."

"Das ist ein wunderbares Beispiel, Sven!" rief der Apfelbaum erfreut.

"Ja, Christus hat eine Brücke über die Kluft zwischen dem Totenreich, also Luzifers Reich, und dem Reich Gottes gebaut. Tot sein, hat irdisch und geistig zwei ganz verschiedene Bedeutungen.

In der Bibel steht zum einen:

"An dem Tage wo ihr von diesem Baum eßt, werdet ihr sterben."

und zum anderen:

"Laßt doch die Toten ihre Toten begraben."

Totenreich bedeutet, daß die dortigen Geistwesen von Gott getrennt sind, also geistig mit Gott nicht lebendig verbunden sind. Du kennst doch auch die Redewendung", fuhr der Apfelbaum fort, *"Ab heute bist du für mich gestorben!"*

Man meint damit, daß man ab sofort getrennte Wege geht, und alle Verbindungen zu diesem Menschen unterbrochen sind.

Und dieses gleiche Getrenntsein bewirkte unseren geistigen Abfall von Gott. So entstand das Totenreich.

Die Brücke zum Reich Gottes führt also wieder zum geistigen Leben, zur lebendigen Verbindung mit Gott."

"Und w i r sind über diese Brücke gegangen, und..." Sven lächelte verschmitzt", jetzt sind wir in die erste Klasse eingeschult worden, - stimmt's?"

Im Apfelbaum raunte es, als würde er vor lauter Freude über seinen kleinen Freund lachen.

"Du bringst Beispiele, über die ich mich nur wundern kann, Sven", sagte der Apfelbaum " aber ich könnte mir vorstellen, daß du schon in einer höheren Klasse bist. Aber das weiß nur der liebe Gott!"

"Du hast mal die Klassen mit Spähren verglichen, wo man lernen muß. Geistwesen müssen also auch lernen", fuhr Sven fort, "damit sie "besser werden", und wieder eine Stufe höhersteigen können, nicht wahr?"

"Bloß das geht nicht so einfach. Ein Geistwesen, das die Prüfungen der Erdensphäre nicht abschließend bestanden hat, hat es drüben nicht einfach, sich weiterzuentwickeln, das kann man in einem menschlichen Kleid besser. Also bittet der Geist, daß er auf die Erde gehen darf, um eine Lehre zu machen."

"Aber wenn man erst einmal im Himmel ist, da würde ich doch lieber bleiben. Da ist es doch schöner als hier , könnte ich mir vorstellen", setzte Sven hinzu.

"Das kannst du wohl annehmen", sagte der Apfelbaum. "Aber diese Wesen wollen ja zu Gott, wo es noch viel, viel schöner ist. Sie sehnen sich danach. Also tun sie alles, um dieses Ziel zu erreichen."

"Ja, da hast du recht. Das würde ich auch machen", stimmte Sven zu. "Aber wie kommt denn ein Geistwesen zu uns runter, das geht doch nicht einfach, - so - peng."

Umwandlung für eine Erdenreise

"Du hast mir doch gerade erzählt, ihr habt eine Reise in die Dolomiten gemacht", begann der Apfelbaum.

"Ja, vier Wochen waren wir dort", bestätigte Sven, "das war eine ganz schön lange Zeit."

"Kannst du dich noch erinnern, was du alles gemacht hast, bevor ihr fuhrt?" fragte der Apfelbaum.

"Natürlich ! - Das war vielleicht spannend ! Allein die Vorbereitungen. Ich brauchte eine neue Hose und Hemden und..."

"Und deine Freunde?" unterbrach der Apfelbaum.

"Das war eine Verabschiederei, - als wenn ich nach Amerika ausreiste. Zum Schluß haben wir noch eine Gartenparty veranstaltet, mit Limo, Kakao und so, Mum hatte sogar einen Kuchen gebacken", schwärmte Sven.

"Siehst du, genauso ist es in der geistigen Welt, wenn eine Seele die Reise zur Erde antritt.

Dieses Geistwesen lebt ja in einer Gemeinschaft, in einer großen Familie, unter Freunden. Alle kommen, wie zu einem Fest, geben gute Ratschläge und gute Wünsche mit auf den Weg und verabschieden dieses Geistwesen mit aller Liebe. Je höher die Sphäre ist, in der das betreffende Geistwesen lebt, desto herzlicher ist das Abschiedsfest.

Dann kommen die Engel in prächtigen Gewändern, nehmen die Geistseele an der Hand und führen sie in einen wohligen Liegeraum, wo sie für ihre Erdenreise vorbereitet wird.

In diesem Raum warten bereits Engel, die für diese Aufgabe besonders ausgebildet sind. Das

Geistwesen wird nun auf eine weiche Liege gebettet und mit duftenden, wohltuenden Ölen eingesalbt. Das wirkt wie eine Narkose, denn jetzt beginnt ja - du würdest sagen "Operation" - die Umwandlung. Eine solche Umwandlung wird mit äußerster Vorsicht durchgeführt."

"Aber warum ist eine Umwandlung denn nötig?" warf Sven ein. "Ich denke das Geistwesen bleibt doch Geist."

"Das stimmt schon", erwiderte der Apfelbaum, "aber bedenke, wie groß ein Geistwesen ist. Es war einmal ein Mensch, der seine äußere Hülle abgelegt hat. Und die Gestalt des Verstorbenen bleibt, und der Geist lebt ja in dieser Gestalt in der geistigen Welt so weiter. Aber nun soll dieses Geistwesen ja in ein Baby inkarniert werden, also muß es doch in so einen Winzling umgewandelt werden. Das leuchtet dir doch ein."

"Ja", pflichtete Sven bei, "das ist mir klar. - Aber eins ist mir noch nicht klar. Du hast mir doch erzählt, daß ein Engel eine andere Odmischung und auch eine andere Schwingung hat als wir."

"Richtig, Sven. - Das ist die "Umwandlung". Das Od des Geistwesens muß dem irdischen Od angeglichen werden. Dem Geistwesen muß Od entnommen werden, damit es sich dem menschlichen Od anpaßt und darum verringert sich auch die Schwingung", erklärte der Apfelbaum.

"Tut das dem Geistwesen nicht weh?" Sven machte ein ganz ängstliches Gesicht.

"Bei einer Operation im Krankenhaus merkst du ja auch nichts. Die Ärzte gehen mit den Patienten aufs sorgfältigste um, so auch im Geistigen. Es sind ja speziell ausgebildete Engel. Eure Ärzte haben doch auch ihre Spezialgebiete."

"Und dann ist der Engel ein Babyengel. Ich kann es kaum fassen," sagte Sven nachdenklich.

"So ist es aber. Wenn diese Umwandlung vollbracht ist, liegt ein winziges Geistkindlein auf dem Liegebett. Dann kommt eine große Engelschar voller Liebe und voller Freude, um diese Geistkindlein zu liebkosen und zu streicheln. Ein großer Engel nimmt es dann in seine Arm, ganz zärtlich, so wie man auch hier auf der Erde ein Neugeborenes in den Arm nimmt und trägt es zu der Mutter, die ein menschliches Baby erwartet."

"Und zu welcher Mutter es kommt", fragte Sven", bestimmt das der liebe Gott?"

"Ja und nein", entgegnete der Apfelbaum. "Ohne Gottes Willen geschieht nichts, aber es ist gut möglich, daß ein Geistwesen in eine bestimmte Familie hineingehen will, weil es dort am meisten lernen kann."

"Und dann erlaubt es Gott", fügte Sven hinzu. "Wenn ich mir das richtig überlege, ist das doch ein Wunder."

"Ein Wunder würde ich eigentlich nicht sagen. Es ist Gottes Allmacht und Weisheit. Sie zeigt sich dem denkenden Menschengeist nirgends erhabener, als gerade bei dem großen Naturgeheimnis des Werdens eines neuen Menschen. Das gilt selbstverständlich in demselben Maße auch von der Fortpflanzung in den anderen Naturstufen. Überall sind es gefallene Geister, die den durch Zeugung gebildeten materiellen Körpern einverleibt werden nach so weisen Gesetzen Gottes, daß euer Menschen-

108

verstand dieses göttliche Geheimnis nicht begreifen könnte."

Sven saß in seinem Baumsessel mit gefalteten Händen. - "Ich bekomme ein Schwesterchen vom lieben Gott geschenkt", flüsterte er. "Du Apfelbaum, jetzt freue ich mich n o c h mehr."

Sven saß eine lange Zeit still da und dachte nach.

"Meinst du lieber Apfelbaum, daß das Geistbaby längst bei Mum ist?"

"Ich glaube nicht", erwiderte der Apfelbaum. "Bei der irdischen Zeugung wird bloß der Keim für den Aufbau des materiellen Leibes des werdenden Kindes übertragen. Der Geist wird nach euch unbekannten Gesetzen erst wenige Augenblicke vor der Geburt mit dem Kindeskörper vereinigt."

"Das muß ich alles Mum erzählen! Die hat ja keine Ahnung, was da alles passiert!" sagte Sven erregt.

Und wieder begann ein Raunen und Rauschen im Apfelbaum, als würden sich die Äste recken und strecken, um Sven zu streicheln.

"Laß mal, Sven, deine Mutter hat mehr Ahnung, als du glaubst!" sagte der Apfelbaum geheimnisvoll.

"Ich habe die ganze Nacht über die "Umwandlung" nachgedacht", begann Sven das Gespräch. "Was du mir gestern davon erzählt hast, war eine Umwandlung von einem Geistwesen in ein menschliches Wesen, also eine Geburt hier auf unserer Welt." Sven machte eine lange Pause. "Wenn jetzt ein Mensch stirbt", fuhr er fort , "dann müßte das doch dasselbe sein, nämlich einfach umgekehrt. Das Geistwesen im Mensch legt seinen Körper ab und geht zu seinen Freunden zurück in die geistige Welt. Das ist doch auch wie eine Geburt oder Umwandlung. Meinst du nicht, - oder?"

"Dies ist völlig richtig, Sven", bestätigte der Apfelbaum.

"Aber warum weinen dann die Menschen? Die müßten sich doch eigentlich ganz doll freuen, wenn einer stirbt?" fragte Sven.

"Das hat zwei Gründe", erklärte der Apfelbaum. Zum einen wissen die wenigsten Menschen etwas von der göttlichen Umwandlung, zum anderen trauern sie darum, daß sie einen geliebten Menschen verloren haben. - Denk' mal an damals, als deine Ameli starb. Warst du da nicht auch sehr traurig und hast geweint?"

"Ja", sagte Sven und seine Augen strahlten, "aber ab da wurden wir Freunde!"

Ich liebe dich Apfelbaum. Ohne dich könnte ich gar nicht mehr sein. Was hast du mir schon alles erzählt! - Nun verstehe ich auch, warum Ameli damals sagte: "Sei nicht traurig, laß mich fliegen, ich bin frei und glücklich, hier ist alles so hell, unendlich weit und warm, und bei euch ist es kalt und eng."

"Ist es nicht tröstlich, solche Worte zu hören?" fragte der Apfelbaum. "Du siehst jetzt schon viele Dinge mit anderen Augen!"

"Das dumme ist nur", sagte Sven fast trotzig, "wenn ich heute zu Herrn Reinhold gehen würde und ihm sagte, daß er höchstwahrscheinlich mal ein gefallener Engel war, - Apfelbaum! ich könnte mir denken, der steckt mich in eine Irrenanstalt!"

"Das würde er zwar nicht tun", raunte der Apfelbaum vergnügt, "aber er würde dich verständnislos anseh'n. Das ist schon möglich, obwohl er ja

Religionslehrer ist. Nur", der Apfelbaum hielt in seiner Rede inne, "Gott geht an **keinem** Menschen vorüber! Eines Tages wird er auf irgend eine Weise eines anderen belehrt! Gottes Wege sind wunderbar und vielfältig."

Herr Reinhold und der
Herzinfarkt

Sven saß in seinem Klassenzimmer auf dem Boden. Vor ihm lag ein riesengroßer Bogen Papier. Frau Weiß hatte alle Bänke zur Seite und an die Wände geschoben, damit die Kinder Platz hatten, sich auszubreiten, denn heute sollte eine "Sommerwiese" geklebt und gemalt werden. Alle waren eifrig am Arbeiten. Sie schnitten aus Buntpapier Gräser, Blumen, Seen oder Wolken aus und klebten es zu einem bunten Bild zusammen.

Frau Weiß blieb bei Sven stehen.

"Das hast du aber fein gemacht", lobte sie.

"Der Baum ist mein Apfelbaum", erklärte er, "und das da, das ist meine Ameli, die ist aber jetzt schon tot. Aber hier lebt sie noch, und die will ich da draufkleben. Ich hab bloß keinen Klebstoff mehr".

"Ich auch nicht! - "Ich auch nicht!" Aus allen Ecken tönte es.

"Komm mal mit", forderte sie Sven auf und übergab ihm einen Schlüssel. "Im Lehrerzimmer habe ich einen Kasten Klebe stehen. Geh' hin, klopfe an, und wenn sich niemand meldet, schließt du einfach auf. Links steht ein Regal, da ist mein Fach drin, und da steht der Kasten mit dem Klebstoff."

Sven nahm ganz stolz den Schlüssel entgegen und trabte los. Gehorsam klopfte er an die Tür, aber er bekam keine Antwort. Er schloß also auf und fand auch den Klebstoff. Gerade als er danach griff, hörte er ein Geräusch. Er drehte sich um, aber da war nichts. Er griff wieder nach dem Kasten, da hörte er wieder ein Geräusch, er vermeinte sogar eine Art Stöhnen gehört zu haben. Sven wurde es unheimlich, aber irgendwas hielt ihn fest, vielleicht war es Neugier. Vorsichtig bückte er sich und schaute unter den Tisch. Was er sah, ließ ihn zu Eis erstarren. Da lag ein Mann mit weit aufgerissenen Augen, neben ihm ein umgefallener Stuhl. Sven atmete tief durch, um seine Angst zu vertreiben. Auf Zehenspitzen schlich er zu dem Mann, der ab und zu einen röchelnden Laut von sich gab. Jetzt erkannte ihn Sven: Herr Reinhold!

Nun kam Leben in den Jungen. Sein Herz klopfte zum Zerspringen! Was tun?

Er stürzte zum Rektorzimmer, welches nebenan war, riß die Tür auf und rief nach Herrn Stahlmann. Aber das Zimmer war leer. Plötzlich "hörte" er die Stimme seiner Mutter: - *Wenn du in Not bist, ruf 110 an!* - Er nahm den Hörer vom Telefon und mit fliegenden Fingern wählte er die Nummer.

"Notruf 110!" meldete sich eine junge Männerstimme.

"Hier ist Sven", keuchte er atemlos in die Muschel, "helfen sie mir. Hier..."

"Moment", unterbrach die Stimme, "beruhige dich erst mal - du bist Sven. Woher rufst du an?"

"Aus der Schule!" - Herr Reinhold ist tot, nein - noch nicht...."

"Moment!" schaltete sich die Stimme wieder ein. "Herr Reinhold? Von der Goethe - Schule? - "Ja!" - "Der war mal mein Lehrer, leg auf! Wir kommen sofort." Am anderen Ende klickte es.

Sven legte den Hörer auf und setzte sich kurz auf den Stuhl, der neben dem Schreibtisch stand. Gott - sei - Dank, dachte er. Doch dann schoß er hoch und rannte was ihn die Beine halten konnten, zu Frau Weiß, packte sie an der Hand, zog sie aus der

Klasse in Richtung Lehrerzimmer: "Schnell! - Schnell! - Herr Reinhold..." Mehr brachte er gar nicht heraus.

Frau Weiß war genauso erschrocken wie Sven, als sie Herrn Reinhold dort liegen sah. Er bewegte sich nicht, sein Gesicht war angstverzerrt, und auf seiner Stirn standen dicke Schweißtropfen. Frau Weiß holte sofort eine Jacke von dem Garderobenständer und legte sie ihm als Kissen unter den Kopf, dann tupfte sie ihm den Schweiß ab. Herr Reinhold nahm es nicht wahr.

"Sven, bleibe du hier. Ich hole Hilfe, vielleicht finde ich den Rektor. Außerdem muß ich mich um die Klasse kümmern. Der Krankenwagen kommt sicher gleich." Mit diesen Worten verließ Frau Weiß eilends das Lehrerzimmer.

Sven war mit dem todkranken Mann allein. Er kniete sich neben Herrn Reinhold und tupfte ihm immer wieder die Stirn ab. Sven zitterte am ganzen Körper vor Aufregung. Bitte, bitte lieber Gott, laß ihn nicht sterben. Bitte lieber Gott, laß ihn nicht sterben. Bitte lieber Gott - ich werde auch nie, nie mehr Unhold zu ihm sagen, - laß ihn wieder gesund werden, - lieber Gott hilf mir! betete er im Stillen.

Plötzlich wurde er ganz ruhig. Und Sven tat etwas, was er bei seiner Mutter in der Praxis gesehen hatte: Er legte die Hände auf. Um den Patienten zu helfen, ging Mum mit ihren Händen über den ganzen Körper des Menschen, vom Kopf bis zu den Beinen. Warum wußte Sven nicht so genau, aber das war im Moment egal. In dieser Sekunde stöhnte Herr Reinhold besonders schwer, es klang fast wie ein Schrei. An den Kopf traute sich Sven nicht, aber beide Hände legte er Herrn

114

Reinhold auf die Brust. Sven durchzog ein Gefühl von Frieden. Es dauerte nur ein paar Minuten, Herr Reinhold entkrampfte sich, und als spüre er die warmen Kinderhände auf seinem Körper, begann er ruhiger zu atmen und schloß die Augen.

Es war totenstill im Lehrerzimmer, auch vom Flur drang kein Laut herein. Sven fühlte nur das schwache Pochen eines Menschenherzens unter seinen Händen. Es war wie eine Atempause Gottes. Vorsichtig wurde die Tür zum Lehrerzimmer geöffnet. Frau Weiß trat in den Raum, gefolgt von dem Notarzt und zwei Helfern mit einer Trage, dahinter kam Herr Stahlmann, der Rektor. Der Kranke wurde auf die Trage gelegt und mit dem Nötigsten versorgt.

Herr Reinhold war wieder bei vollem Bewußtsein, schaute sich erstaunt um und wollte sich aufrichten.

"Vorsicht! - Schön liegenbleiben", mahnte der Arzt. "Das war ein handfester Herzinfarkt. Wenn man sie eine Viertelstunde später gefunden hätte, wäre jegliche Hilfe zu spät gekommen. - Sie hatten wirklich einen Schutzengel bei sich", setzte er ernsthaft hinzu.

"D a s glaube ich auch", flüsterte Herr Reinhold.

"Apfelbaum, meinst du, daß Herr Reinhold die Wahrheit gesagt hat?" fragte Sven.

"Was meinst du damit?" fragte der Apfelbaum zurück.

"Na, - daß er jetzt an Schutzengel glaubt!"

"Das kann ich jetzt noch nicht sagen. Es braucht eine gewisse Zeit, um zu einer Überzeugung zu kommen. Herr Reinhold muß jetzt erst einmal einige Wochen im Krankenhaus bleiben. Da hat er Muße, über sich nachzudenken. Eines kannst du sicher annehmen, er wird auch über Schutzengel nachdenken, denn eine solche Hilfe, wie er sie bekommen hat, k a n n nur von Gott kommen", sagte der Apfelbaum.

"Wenn ich so darüber nachdenke", sinnierte Sven, "das war doch ein unwahrscheinlicher Zufall, daß mir die Klebe ausging und mich Frau Weiß ins Lehrerzimmer schickte..."

"Sven!", unterbrach ihn der Apfelbaum raunend. "Merke dir eines in deinem ganzen Leben: Es gibt keine Zufälle! - Wenn du "Zufall" mit "etwas zufallen" übersetzt, - dann lasse ich es noch gelten. Aber unter Zufall versteht ihr Menschen eher "noch mal Glück gehabt" oder "es ist etwas passiert, was ausnahmsweise geschehen ist." Ein Zufall ist bei euch etwas, was nicht geregelt ist. Aber bei Gott ist a l l e s geregelt", erklärte der Apfelbaum.

Der Mensch sollte sich lieber über Gottes Vorsehung Gedanken machen und sich Fragen stellen, zum Beispiel: Warum wurdest du, Sven, gerade zu diesem Zeitpunkt ins Lehrerzimmer geschickt?

Einmal, weil Herr Reinhold Hilfe brauchte, zum anderen, weil dich die Auseinandersetzung wegen deines Schutzengels noch belastete.

Warum konnte dein aufgeregter Anruf so schnell beendet werden, denn Herr Reinhold brauchte Hilfe, ganz dringend, ohne Zeitverlust?

Weil ein ehemaliger Schüler am anderen Ende der Leitung saß, der sofort Hilfe schicken konnte, ohne viel zu fragen!

Warum sagt ein völlig fremder Arzt zu Herrn Reinhold: Sie hatten einen Schutzengel? - Erst gestern habe ich dir erklärt, daß Gott an keinem Menschen vorbeigeht, - auch nicht an einem Herrn Reinhold!" schloß der Apfelbaum.

Gott hilft immer
- auch wenn es lange dauert

"Hallo! Apfelbaum!" begrüßte Sven seinen Freund und kletterte behende auf seinen Platz.

"Dieser Herr Reinhold geht mir nicht aus dem Kopf. Du hast mir doch mal gesagt, Gott kann mit den Menschen sprechen", stellte Sven fest. "Ich habe mir überlegt, ob Gott nicht auch mit Herrn Reinhold sprechen wollte. Auch wenn er ihn hat krank werden lassen."

"Da hast du nicht Unrecht, Sven", erwiderte der Apfelbaum. "Wenn dein Vater eine Geschwindig-keitsgrenze übertritt und nicht erwischt wird, macht er es immer wieder. Wird er aber erwischt und muß eine dicke Geldstrafe zahlen, denkt er darüber nach und wird aufmerksam. So ist es auch bei Gott. Erst durch Leid beginnt ein Mensch über sich und andere nachzudenken. Dann fängt er sogar an zu beten. Wird sein Gebet nun aber nicht sofort erhört, also sein Wunsch nicht erfüllt, wendet sich der Mensch oftmals wieder enttäuscht ab, - und wenn es schlimm kommt. sagt er: es gibt ja keinen Gott. Und da kann ich dir ein großes Geheimnis verraten: *Gott hilft i m m e r,* auch wenn es lange dauert. Er hilft dann, wenn sich ein Mensch aus eigener Kraft nicht mehr selbst helfen kann. Oder er erfüllt den Wunsch des Menschen nicht, weil Gott sieht, daß dieser Wunsch für den betreffenden Menschen schädlich ist."

"Darüber muß ich erst nachdenken", sagte Sven, "das ist gar nicht so einfach zu verstehen."

"Erinnerst du dich an die Begegnung mit dem kleinen Hund damals?" fragte der Apfelbaum.

118

Sven hielt sich die Ohren zu.

"Daran will ich gar nicht denken, das war ein schrecklicher Tag - außer dem kleinen Hund, der war ja goldig. Daß ich ihn nie wieder gesehen habe, wundert mich."

"Weißt du noch, da hast du in deiner Not gebetet: Lieber Gott, hilf mir, daß ich nicht in die Schule muß - und was hat er gemacht, er hat dir eine kleine Hilfe in Gestalt eines Hundes geschickt, der dich auf schnellstem Weg in die Schule brachte. Und wie glücklich warst du, als du plötzlich vor deiner Frau Weiß standest, - stimmt's?" -

"Soo siehst du das also," sagte Sven nachdenklich. "Da muß man ja wirklich jeden Tag aufpassen, ob der liebe Gott einem nicht etwas sagen will - durch irgendein Zeichen."

"Früher, das kannst du im Alten Testament immer wieder lesen, hat Gott ständig mit den Menschen geredet, aber heute haben die Menschen das Gefühl für Gottes Hinweise verloren. Das ist schade, denn sie könnten ihr Leben viel innerlicher und ruhiger führen. Vertrauen - Urvertrauen zu Gott gibt Sicherheit", ergänzte der Apfelbaum.

Ich war fünf Minuten im Himmel

"Gott segne dich , lieber Apfelbaum !" begrüßte
Sven seinen Freund.

"Nanu ? So feierlich!" wunderte sich der Apfelbaum.

"Ach, mir ist auch ganz feierlich zu Mute. Ich
glaube, heute Nacht hat der liebe Gott mit mir
gesprochen. Es war alles so seltsam", erinnerte sich
Sven.

"Wenn ich nicht irre, sollten kleine Jungen nachts
schlafen und keine Gespräche führen", raunte der
Apfelbaum, und es klang wieder sehr vergnügt, als
wüßte er bereits, daß Sven ihm etwas Schönes
berichten will.

"Ich hab ja auch geschlafen", entrüstete sich
Sven, "aber ich habe geträumt - und zwar einen
Traum, ganz ähnlich, wie ich ihn schon einmal
geträumt habe.

Stell dir vor", fuhr Sven fort, "es wurde ganz hell
im Zimmer, und durch die Wand, als ob überhaupt
nichts wäre, kam ein Engel, ganz groß, in einem
gold und silber schimmernden Gewand, hauchdünn
wie ein Schleier. Er nahm mich in die Arme und
hüllte mich in eine wollige Decke. Plötzlich standen
wir auf einer riesengroßen Wiese voller Blumen, -
Blumen, wie ich sie in meinem ganzen Leben, noch
nie, nie, nie gesehen habe. Und es duftete überall!"
Sven schloß die Augen und sog sachte die Luft
durch die Nase.

"Durch die Wiese floß ein Bach, der glitzerte blau
und silber, darüber führet eine Brücke. Über diese
Brücke gingen wir - nein, wir gingen nicht, wir
schwebten", verbesserte sich Sven.

120

Auf einmal stand da ein schneeweißes Haus mit Säulen und Bogenfenstern. Eine Treppe aus weißem Marmor führte zu diesem Haus, und oben auf der Treppe stand ein Mädchen in einem langen Kleid, das schillerte in allen Farben. Sie kam herunter und schenkte mir ein Bilderbuch."

Sven machte eine Pause und hing mit einem verzückten Lächeln seinen Gedanken nach.

"Ein schöner Traum", bestätigte der Apfelbaum.

"Nur, - Sven, - es war kein Traum, es war W i r k l i c h k e i t !"

"Was? - Was meinst du damit? Sven machte ein verdutztes Gesicht.

"Träume sind eine eigene Sache", fuhr der Apfelbaum fort, "Träume sind geistig. Wenn du schläfst, setzt dein Verstand, dein Tagesbewußtsein, aus. Du denkst nicht mehr, aber du träumst. Du träumst oft von Dingen, an die du dich am Morgen überhaupt nicht mehr erinnerst, die du vergessen hast. Doch du weißt, daß du irgend etwas geträumt hast. Diese Träume helfen deiner Geistseele die Erlebnisse zu verarbeiten, die du am Tage hattest. Dann gibt es Träume, die dir helfen, Probleme zu lösen oder dich vor etwas warnen wollen. Die wichtigsten Träume sind die, die dir so stark in Erinnerung bleiben, daß du sie lange Zeit oder sogar ein Leben lang nicht vergißt. Das ist die Sprache Gottes.

Es gibt Wissenschaftler und Forscher, die sich ein ganzes Leben mit Träumen und ihrer Bedeutung beschäftigt haben. Traumdeutung ist fast ein Beruf geworden in der heutigen Zeit, und ich finde es wichtig, denn man spricht nicht umsonst von "Träume sind die Sprache der Seele."

"Paps hat mal gesagt: Träume sind Schäume. Das scheint ja nicht zu stimmen, nachdem, was du mir erklärt hast", warf Sven ein.

"Nein, ganz und gar nicht", entgegnete der Apfelbaum. "Viele Menschen denken das gleiche, und sie ahnen nicht, welche Hilfe sie da ausschlagen. Aber das führt zu weit", unterbrach sich der Apfelbaum, "zurück zu deinem Traum, der Wirklichkeit war.

Du hast ein wunderbares Geschenk bekommen, Sven, denn du durftest eine Reise in geistige Sphären machen. Man nennt so etwas "Astralreise". Kannst du dich erinnern, als dir "so leicht" wurde und du am liebsten "fortgeflogen" wärst?"

"Oh ja! Das war ein herrliches Gefühl", schwärmte Sven.

"Siehst du, du wärst auch beinahe "fortgeflogen"! Und heute Nacht bist du es wirklich.

Dein Geist hat sich aus deinem Körper gelöst und ist in eine Schwingungsebene getreten, wo du die Wiese, die Blumen, das Haus und das Mädchen sehen konntest."

"Und ich war wirklich dort?" Sven konnte es kaum fassen.

"Es gibt viele Menschen, die schon sehr medial sind, oder Menschen, die es gelernt haben."

"So was kann man lernen?" fragte Sven verwundert.

"Ja", antwortete der Apfelbaum, "um Astralreisen zu machen bedarf es bestimmter medialer, Vorgänge. Allerdings kann das ein gefährliches Unternehmen sein. Geschieht dies unter göttlichem Schutz, oder gar auf seine Anweisung, ist es gut."

Sven krauste seine Stirn, so angestrengt dachte er nach.

"Apfelbaum", begann er zögernd, "wenn ich mir vorstelle, mein Geist geht aus mir raus und macht eine Reise, dann muß doch mein Körper alleine im Bett liegen bleiben!"

"Das ist auch so", erwiderte der Apfelbaum, "die materielle Hülle bleibt zurück."

"Meine Güte! Da kannste ja auch eine leere Kiste im Bett zurücklassen. Aber", Sven überlegte, "aber in leere Kisten kann man doch was reintun! Ist es denn nicht möglich, daß ein anderes Geistwesen hineinschlüpfen könnte, vielleicht sogar ein böses?"

"Ja, Sven, so etwas ist möglich. Uns umgeben ja ständig gute und böse Geistwesen und versuchen natürlich jede Gelegenheit auszunutzen, um mit Menschen in Kontakt , in Verbindung, zu kommen. Deshalb ist eine selbstgewollte Astralreise oft sehr gefährlich."

"Ist m e i n Geist denn jetzt wieder bei mir?" fragte Sven ganz aufgeregt.

"Natürlich", beruhigte der Apfelbaum Sven.

"Deine Reise stand unter göttlichem Schutz. Wenn dein Geist austritt, stehen viele, viele Geisthelfer um dich und beschützen dich. Da brauchst du keine Angst zu haben."

"Angst direkt hab' ich ja auch nicht", sagte Sven, "aber ein bißchen komisch ist mir doch, wenn ich da so als leere Kiste liege. - Trotzdem! Es war so, so schön.

Sag mal, Apfelbaum, wie lange gehen denn solche Astralreisen?" wollte Sven wissen.

"In der geistigen Welt verändern sich Zeit und Raum", erklärte der Apfelbaum. "Nach menschlicher Zeit werden es vielleicht ein, zwei oder fünf Minuten gewesen sein."

"A-a- a-ach", seufzte Sven laut und glücklich, "dann war ich ja fünf Minuten im Himmel!"

"Bei einem kleinen Mädchen mit einem Bilderbuch", ergänzte der Apfelbaum, "mach dir mal Gedanken darüber..."

Ausflug zum Grünbacher
Wasserfall

Aufgeregt sprang Sven aus dem Bett und tastete sich zum Fenster.

Er zog die Jalousien hoch und blinzelte in den Morgen. Die Sonne strahlte vom wolkenlosen Himmel und übergoß den Garten mit goldenem Licht.

Schöner konnte das Wetter gar nicht sein, denn heute war ein Klassenausflug zu dem Grünbacher Wasserfall geplant.

Während Sven frühstückte, packte Frau Jacobus den kleinen Rucksack.

Sven konnte es kaum erwarten, in die Schule zu kommen. Ein Kuß, ein Winken, und er war durch das Gartentor verschwunden.

Auf dem Schulhof herrschte bereits reges Leben. Frau Weiß war auch eingetroffen und gab die letzten Anweisungen. Da rollte der Bus auf den Hof. Mit großem Hallo stürzte alles zu den Türen. Es gab ein Drängeln und Schubsen, ein Ziehen und Zerren, denn jeder wollte der erste sein. Sven stand abseits und wartete auf Miriam. Am Freitag hatte sie gefehlt und heute, am Montag, hoffte Sven sehr, daß sie beim Ausflug dabei sein würde. So stand er und beobachtete die drängelnde Meute. Plötzlich fiel ihm das gestrige Gespräch mit dem Apfelbaum ein. - So drängeln sich wahrscheinlich auch die Geistwesen um einen Menschen, dachte er, rücksichtslos schubsen sie den anderen weg, nur um der erste zu sein. Er mußte lachen, denn er stellte sich eine leere Kiste im Bett vor. Aber im nächsten

Moment wurde er sehr ernst; das ist keine Kiste, kein Bus - das wäre ja mein Körper...

Frau Weiß machte kurzen Prozeß.

"Alles weg von den Türen!" rief sie energisch, "die Mädchen steigen vorne ein und die Jungen hinten, ihr auf der rechten Seite - und ihr links!"

Wie sagte der Apfelbaum? dachte Sven. Da ist immer ein Kontrollengel, der Ordnung schafft...

"Sven, los, rein!" forderte sie den Jungen auf. "Träum nicht am hellichten Morgen!" Und Sven mußte einsteigen. In diesem Moment kam Miriam angerannt. Sie hatte ein trauriges Gesicht, Sven war es sogar, als hätte sie geweint. Miriam setze sich neben Eveline in die erste Reihe. Sven machte sich Gedanken um sie, aber er konnte jetzt nicht mit ihr sprechen. Später, dachte er.

Nach zwei Stunden hielt der Bus. Nun war noch eine halbe Stunde bis zum Wasserfall zu laufen. Und weil Laufen durch den Wald Kindern langweilig ist, sprangen sie rechts und links des Weges, kletterten auf die Felsen oder turnten über Baumstämme. Dabei schrien und kreischten sie, daß wahrscheinlich Ali Babas Räuber sogar die Flucht ergriffen hätten. Frau Weiß ließ sie austoben; aber nun blieb sie stehen und sammelte die kleine Schar um sich.

Sie hielt den Zeigefinger auf den Mund und wartete, bis alle mucksmäuschenstill waren.

"Hört ihr etwas?" flüsterte sie.

Gespannt lauschten die Schüler in alle Richtungen.

"Da rauscht was", sagte Thomas.

"Ja, - jetzt höre ich's auch, "flüsterte ein Mädchen.

"So, - und nun werden wir suchen, wo das Rauschen herkommt. - Mund zu - Ohren und Augen auf!" setzte sie mit geheimnisvollem Lächeln dazu.

Die Kinder gingen - nein, sie schlichen weiter, wie Jäger, die sich an das Wild heranpirschen, lautlos alles beobachtend.

Und plötzlich war es nicht mehr langweilig, der Wald erfüllte sich mit Leben. Überall hörte man das Singen und Zwitschern der Vögel, in der Ferne rief ein Kuckuck immer wieder seinen Namen, die Kinder beobachteten Ameisenstraßen , die über den Weg führten, da taumelte ein wunderschöner Schmetterling, Grillen zirpten im Gras, eine Eidechse schlängelte sich flugs unter einen Stein, eine Libelle, zart wie eine Elfe, schwebte lautlos vorbei, eine Amsel raschelte im Laub und zerrte einen dicken Regenwurm aus der Erde und oben, in den Wipfeln rauschte es, als wollten sich die Bäume Geschichten erzählen. Es roch nach Tannennadeln, frischem Holz und Wasser. Durch die Bäume stahlen sich Sonnenstrahlen und ließen eine Märchenwelt aus Licht und Schatten entstehen.

Der Weg verengte sich und führte durch eine Schlucht, dunkel, geheimnisvoll. Schweigend gingen die Kinder weiter.

Sven fror. Sein Rucksack klebte wie nasse Watte auf seinen Schultern. Er schüttelte sich, ihm war unheimlich zu Mute, aber er sagte kein einziges Wort. Noch ein kurzer Weg um einen Felsen herum, und sie standen am Ziel, dem Wasserfall. Die meisten Kinder hatten ein solches Naturschauspiel noch nicht gesehen. Staunend standen sie vor den Wassermassen, die sich tosend und schäumend aus schwindelnder Höhe in die Tiefe stürzten.

Eine Wanderung macht müde und hungrig. Nun war der ersehnte Augenblick gekommen, wo gerastet werden konnte. Frau Weiß führte die Kinder zu einer nahegelegenen Grillhütte.

Mit Freudengeheul stürzte sich jeder auf einen geeigneten Platz, und im Handumdrehen waren die Rucksäcke und Taschen ausgepackt.

"Zwei Stunden Pause", verkündete Frau Weiß, "Bälle habt ihr ja mitgebracht, da drüben ist Platz genug, da könnt ihr euch austoben."

Sven hatte keine Lust zum Toben, er wollte Miriam sprechen. Sie saß bereits auf einer Bank und wartete. Sven setzte sich dazu, holte sich ein Brötchen aus seinem Rucksack und biß genüßlich hinein.

Miriam knabberte lustlos an einem Apfel.

"Sag mal, was ist mit dir", begann Sven das Gespräch, "hast du geheult? Mir war vorhin so!"

In dem Moment kullerten Miriam die Tränen über die Wangen.

"Ach, Sven", schluchzte sie, "es ist alles so schrecklich, so furchtbar, so -, ich bin so alleine, - ich möchte am liebsten sterben!"

"Miriam!" Sven war ganz verstört, "warum willst du denn sterben? Das kann man doch nicht so schnell machen", sagte Sven hilflos, "was ist denn bloß los?"

"Meine Omi ist am Samstag ins Krankenhaus gekommen, ganz plötzlich. Sie ist einfach umgefallen, als sie Frühstück machte. Und dann kam der Krankenwagen. Gott sei Dank war meine Mutter zu Hause. Dann sind wir mitgefahren. Und gestern waren wir auch bei ihr. Der Arzt hat zu meiner Mutter gesagt, daß sie wahrscheinlich nicht mehr lange leben wird. - O, Sven", Miriam stützte ihren Kopf auf die Knie und weinte, "wenn meine Omi stirbt, will ich auch sterben. Ohne sie kann ich nicht leben. Meine Omi darf nicht sterben, Sven, sie darf nicht!"

"Sie wird auch nicht sterben ", tröstete Sven. "Wenn's der liebe Gott nicht will , wird sie nicht. Du mußt einfach beten."

"Ich hab den ganzen Tag gebetet, ich war gestern sogar in der Kirche. Aber der Arzt..."

"Der Arzt irrt sich manchmal", versuchte Sven Miriam zu beruhigen, aber er spürte, daß alles, was er sagte, nur ein schwacher Trost war.

Sven dachte an seinen Apfelbaum. Er hatte ihm schon so viel erzählt über Sterben und Umwandlung, über Gottes Willen und die geistige Welt, aber nun saß er hier, - und es fehlten ihm die Worte...

Gedanken sind wirkende Kräfte

Sven hätte am liebsten weinen mögen. Sein Körper war schwer, als hingen hundert Eisenkugel an ihm. Mühsam stapfte er über den Rasen zu seinem Apfelbaum. Er lehnte sich an den Stamm, seine kleinen Arme legte er hilfesuchend darum, und sein Gesicht preßte er an die rauhe Rinde.

Dem Apfelbaum tat Sven leid, liebevoll legte er einen Ast um die Schulter des Kindes.

"Komm, kleiner Sven, treib' deine schweren Gedanken weg. Du hattest einen so schönen Tag heute, dir geht es gut, du bist jung und gesund, du hast liebe Eltern, - und du hast mich. Also kein Grund, so traurig zu sein", fügte der Apfelbaum hinzu.

"Aber ich bin halt traurig", entgegnete Sven, "Miriam ist doch auch so traurig."

"Du hilfst ihr nicht mit deiner Traurigkeit", sagte der Apfelbaum. "Im Gegenteil! Laß diese Gedanken los, Sven. Laß sie fliegen, wie einen bunten Luftballon, in die himmlische Unendlichkeit.

Sven mußte unwillkürlich lachen bei dieser Vorstellung.

"Fliegt weg ihr blöden Gedanken!" rief Sven zwischen Weinen und Lachen. "Fliegt weg, weg, weit weg!"

Und plötzlich hatte Sven das Gefühl, als ströme aus dem Stamm des Baumes eine starke, wohltuende Kraft und erfüllte seine ganzen Körper. Er ließ den Stamm los, machte einen Klimmzug und saß fröhlich auf seinem gewohnten Platz.

"So gefällst du mir schon besser", sagte der Apfelbaum, "jetzt haben wir erst 'mal die traurigen Gedanken vertrieben, und dir geht es wieder gut!"

"Und wo haben wir die hingetrieben?" fragte Sven. "Sind die etwa im Himmel gelandet?"

"Beinahe Sven", erklärte der Apfelbaum, "diese dunklen Gedanken haben wir aufgelöst, durch Licht aufgelöst. Stell dir einen Raum vor, wo die Türen geschlossen und die Fensterläden heruntergerollt sind. Es ist tiefste Finsternis in dem Raum, aber draußen scheint die Sonne. Wenn..."

"...wenn ich alles aufmache", unterbrach Sven aufgeregt, "ist es hell und keine Finsternis mehr drin! Meine Güte, - soo einfach ist das!"

"So einfach ist das", bestätigte der Apfelbaum, "nur leider im Leben nicht immer, - w i r jedenfalls haben es heute geschafft.

Gedanken sind geistig", fuhr der Apfelbaum fort. "Sie entstehen i n dir, durch ein Erlebnis oder durch Gefühle. Das können Gefühle der Liebe oder des Mitleids sein, wie heute bei Miriam, oder auch des Hasses, der Rachsucht, des Neides. Diese Gedanken, die aus der Seele eines Menschen kommen, hängen sich an ihm fest, das heißt, sie manifestieren sich. Man nennt sie auch "Elementale". - Diese Elementale kannst du dir in jeder Gestalt vorstellen, zum Beispiel als Würmer, oder - wie du heute - als Eisenkugeln an den Beinen, oder als buntschillernde, zarte Kugeln. Sind es Elementale der Liebe, dann kannst du sie Menschen schicken und somit dem Anderen helfen - denk an das "Spiel mit der Liebe" oder an deine Freund Thomas.

"Aber wenn die Gedanken böse sind", warf Sven nachdenklich ein, "was passiert dann?"
Es gibt leider viele Menschen, die böse Elementale aussenden. Die können dem anderen Menschen sehr schaden, ihn manchmal sogar töten."
"Nein!" rief Sven entsetzt, "das kann doch nicht wahr sein! Ich denke wir haben Schutzengel, die können doch helfen."
"Richtig. Böse Elementale können nur Menschen schaden, die - und jetzt kommt wieder deine Schwingungs- lehre", - erinnerte der Apfelbaum, "die die gleiche Schwingung dieser bösen Elementale haben. Das heißt, bist du erfüllt von guten Gedanken, besitzt du eine hohe Schwingung, und es bildet sich ein sogenannter Schutzmantel um dich herum, man nennt es "Aura". An dieser Aura prallen die bösen Gedanken, die negativen Elementale, ab und gehen mit vielfacher Kraft zurück zum Absender."
Sven klatschte in die Hände
"Prima! Dann sind die doofen Elementale beleidigt und rächen sich an dem, der so böse Gedanken losschickt ! Finde ich gut."
"So gut ist das nicht", belehrte der Apfelbaum. "Alles Leid in dieser Welt, ob Kriege, Morden, Quälereien, Haß, Neid, Gewinnsucht, Machtmiß- brauch, wäre nicht, wenn Menschen keine niederen Gedanken hätten. Luzifer freut sich natürlich darüber und tut alles, um den Menschen solche Elementale anzuhängen. Solch belastete Menschen kommen nur frei, wenn sie "gedanklich umkehren" und ihre Gesinnung ändern. Dasselbe gilt für Luzifer.

"Aber meine traurigen Gedanken waren nicht wirklich böse", gab Sven zu bedenken. "Böse nicht", entgegnete der Apfelbaum, "aber schön waren sie ja auch nicht. Und Zweifel und Jähzorn haben ein leichtes Spiel wenn du traurig bist. Hast du nicht die Belastung gespürt?"

Sven nickte zustimmend mit dem Kopf.

"Aber Miriam ist doch so verzweifelt wegen ihrer Oma", wandte Sven ein.

"Das ist verständlich, Sven. - Aber ich würde vorschlagen, daß wir von deiner kleinen Freundin morgen sprechen. Miriam steht vor einer Prüfung, - und da können w i r im Moment wenig helfen."

Prüfung? dachte Sven. Was für eine Prüfung? Na, ja, der Apfelbaum wird schon recht haben.

"Wenn wir schon nicht helfen können", dachte Sven laut weiter, dann schicken wir eben ganz, ganz gute Elementale hin und beten für sie. Okay?"

Im Apfelbaum begann ein Wispern und Flüstern, ein Säuseln und Raunen, was Sven noch hörte, als er bereits die Haustür hinter sich schloß.

Jeder hat seinen freien Willen

Sven wischte sich mit beiden Händen den Schweiß aus dem Gesicht.

"Puh! Ist das eine Hitze heute!" stöhnte er und war froh, als er das schattige Dach seines Apfelbaumes erreicht hatte.

"Hallo, liebes Apfelbäumchen!" grüßte Sven frohgelaunt.

"Du, - Frau Weiß hat heute gesagt, es bleibt keiner sitzen, ich auch nicht - und Miriam erst recht nicht, sie ist ja die Klassenbeste. Die braucht also keine Prüfung zu machen, wie du gestern gesagt hast."

"Nein", antwortete der Apfelbaum frohgelaunt, "s o eine Prüfung habe ich auch nicht gemeint. Ich erzählte dir doch, daß jeder Mensch in seinem Leben durch Prüfungen gehen muß, weißt du, die Prüfungen, die von Gott kommen."

"Aber was soll Miriam denn für eine Prüfung machen?" fragte Sven verwundert.

"Du hast doch selbst gesehen, wie verzweifelt gestern Miriam war", antwortete der Apfelbaum. "Wenn ihre Omi stirbt und in die geistige Welt geht, wie wird sie sich verhalten? Miriam ist kein kleines Kind mehr, sie ist ein intelligentes Mädchen. Wird sie mit dem lieben Gott hadern, wird sie verzweifelt sein, weil sie allein mit ihrem Leben nicht fertig wird, oder wird sie sagen: was Gott macht, ist richtig? - Du weißt es nicht, wie sie durch diese Prüfung geht, ich weiß es nicht - und Gott weiß es auch nicht."

"Das stimmt nicht, Apfelbaum!" protestierte Sven. "Der liebe Gott weiß alles!"

"Nein, Sven", entgegnete der Apfelbaum bestimmt. "Wenn Gott vorher wüßte, w i e der Mensch handelt, brauchte er ihn nicht zu prüfen. Jeder hat seinen freien Willen gelassen, und dem beugt sich auch Gott. Denk doch an die ungehorsamen Engel. Ihnen hat er auch ihren Willen, - allerdings zu ihrem Schaden", fügte der Apfelbaum hinzu.

"Wenn ich das so bedenke", sagte Sven zögernd, "dann verstehe ich nicht, warum man nicht schon in Reli von all diesen Dingen spricht, von denen du mir bereits erzählt hast."

"In anderen Religionen wissen die kleinsten Kinder über geistige Dinge Bescheid, sie wachsen mit diesem Wissen auf, nur hier in unseren Breitengraden wird die Lehre von der Geisterwelt Gottes belächelt oder als Aberglaube abgetan. Wüßte deine Miriam, daß ihre Omi in eine viel schönerer Welt gehen wird, wäre sie nicht so verzweifelt."

"Aber wenn ein Mensch stirbt, den man sehr lieb hat, dann ist man doch traurig, oder?"

"Das ist ganz natürlich, Sven. Und so soll es auch sein. Es wäre schlimm, wenn ein Mensch den anderen sofort vergessen würde. Nur "loslassen" muß er ihn, sonst kann sich der Verstorbene von dieser Welt nicht lösen, wird in seiner geistigen Entwicklung behindert und irrt manchmal auch umher."

"Sowas gibt's auch?, fragte Sven erstaunt.

"Ja, Sven. Aber davon erzähle ich dir noch", antwortete der Apfelbaum. "Wie geht es eigentlich der Miriam?"

136

"Wieder gut, glaub' ich", entgegnete Sven. "Sie
hat gesagt, ihrer Oma geht es besser, und sie kommt
bald aus dem Krankenhaus. Allerdings kann sie
nicht laufen, kaum sprechen und sie ißt auch nichts.
Aber sie will nach Hause. Sie will bei Miriam sein,
hat sie gesagt."

"M-m, machte der Apfelbaum nur. -

Elfen, Feen, Zwerge, Gnome

"Ich habe noch eine Frage", begann Sven zögernd. "Am Montag, als wir unseren Ausflug gemacht hatten und ich abends ins Haus ging, da war mir, als ob tausend kleine Vögel zwischen deinen Blättern zwitscherten."

"Wenn ich mich an diesen Abend erinnere", sagte der Apfelbaum voller Freude, möchte ich am liebsten im ganzen Garten herumtanzen. D a s war ein Abend! Ich hatte Besuch, viel, viel Besuch! Bis auf den letzten Ast war es voll - bunt und lieb anzusehen - lauter kleine Wesen, Lichtwesen in den schillerndsten Farben, Elementargeister, die in der Natur eine große Rolle spielen."

"Apfelbaum! Moment mal!" unterbrach Sven lebhaft. "Du hattest doch mal gesagt, daß Elementale Gedanken sind, die sich..."

"Halt Sven! Halt!" rief der Apfelbaum. "Ich habe eben von Elementar - Geistern gesprochen, elementar, mit einem "r" am Ende, und das bedeutet so viel wie "mit der Natur eng verbunden." Diese heißen Elementar - und Naturgeister."

Sven zog sorgenvoll die Stirn in Falten und seufzte: "Ach, Apfelbaum, bei dir muß man wirklich ganz schön aufpassen. Aber nun habe ich's kapiert. Und diese - diese Elementargeister", fuhr er fort, "die waren an dem Abend bei dir zu Besuch? Und wie seh'n die denn aus?"

"Das ist schwierig in Worte zu fassen", erklärte der Apfelbaum. "Ich will's versuchen. Paß auf! - Ihren Urzustand könnte man als Lichtkörper bezeichnen, nebelhaft, wie ganz feiner Dunst, ein Strudel oder Wirbel von Energie, der oft wie ein

Regenbogen in verschiedenen Farben leuchten kann.
Sie haben ihr eigenes Leben, ihre eigene Intelligenz.
Wollen diese Wesen mit den Pflanzen und Tieren,
die ja grobstofflich sind, arbeiten, müssen sie sich
dem geistigen Körper der Pflanzen und Tiere
anpassen, so nehmen sie einen geistigen, einen
ätherischen Körper an. Und das tun sie mit Hilfe des
Ods der Erde. Daß die Erde sämtliche Odarten
besitzt, habe ich dir ja schon erzählt."

"Können Menschen diese Wesen sehen?" fragte
Sven.

"Ja, das können sie manchmal", entgegnete der
Apfelbaum. "Je nach Kulturkreis gibt es verschie-
dene Namen, oder besser gesagt, symbolische
Hilfsbilder, für diese Naturgeister. In unserem
Kulturkreis kennt ihr aus Märchen und Sagen die
Wesen, die ihr Elfen, Feen, Zwerge oder Gnome
nennt. Diese Körper können die kleinen Wesen
<u>Kraft eurer Gedanken</u> annehmen, und sehr
feinfühligen Menschen zeigen sie sich dann in dieser
Gestalt."

"Das ist ganz schön schwer" stöhnte Sven. "Dann
sind ja Elfen, Feen, Gnome und so - ja gar keine
Märchenfiguren."

"Nein, Sven", bestätigte der Apfelbaum. "Ganz,
ganz früher, als die Menschen noch innig mit der
Natur verbunden waren, konnten sie leicht mit
diesen Wesen in Kontakt kommen. Heute, in
unserer modernen, technisierten Zeit, haben die
Menschen diese Sensitivität, diese Aufgeschlossen-
heit für diese geistigen Dinge verloren, weil sie zu
wenig mit "dem Herzen" denken. Aber diese
Elementar- und Naturgeister sind ein Teil der

Schöpfung Gottes, ob der Mensch daran glaubt oder nicht.", sagte der Apfelbaum.

Sven schloß die Augen, als wolle er das Gehörte in Ruhe in sich aufnehmen. - "Sag mal, Apfelbaum", begann er nach einer Weile, "die mußten doch auch schon dagewesen sein, als ich noch bei dir war?"

Im Apfelbaum raunte es vergnügt.

"Sicher! - Und drei von ihnen hast du sogar selbst mitgebracht, Sven."

"W a a s !" rief Sven fassungslos. "Was habe ich? Mitgebracht?"

"Ja, von deiner Wanderung durch den Wald. Diese kleinen Wesen lieben Kinder sehr. Was glaubst du, wie sie dich umschwärmten, dich streichelten und bei dir glücklich waren!" ergänzte der Apfelbaum.

"Davon habe ich aber nichts gemerkt." Es klang beinahe traurig .

"Doch" - widersprach der Apfelbaum. "Eine Elfe hat sich dir gezeigt. Erinnerst du dich an die wunderschöne, zarte "Libelle", die vor dir herflog ? Keiner hat sie gesehen, - nur du."

Sven kam aus dem Staunen nicht heraus.

"Die Libelle", sagte er nachdenklich, "ja, - da hatte ich auch an eine Elfe gedacht. - Und was macht sie, wenn sie wieder ein richtiges Elementargeistwesen ist?"

"Diese Wesen sind die kleinen Helfer der Engel", erklärte der Apfelbaum. Sie halten sich am liebsten im Wald auf, weil sie da ungestört sind, denn sie haben Angst vor den großen, oft lärmenden Menschen. Unter Büschen und Bäumen haben sie ihr Zuhause. Jedes hat seine Aufgabe. Sie gehen zu den Pflanzen und Kräutern, hegen und pflegen sie,

140

sprechen mit ihnen, beschützen die Tiere des Waldes, vom kleinsten Käfer bis zu den größten Tieren. Und wenn ein Tier krank oder verletzt ist und Hilfe braucht, pflegen sie es gesund, - wenn Gott es erlaubt", fügte der Apfelbaum hinzu. "Und damit dienen sie den Engeln, die in den Wäldern walten. Du weißt, im Geistigen herrscht eine perfekte Ordnung und jeder dient in großer Liebe dem anderen."

Sven hatte atemlos zugehört. Für ihn wurden Märchen wahr.

"Wenn du die "Märchenwelt" in deinem Leben von der geistigen Welt her erfassen kannst, Sven, dann bist du von Gott beschenkt worden. Allein der Wald ist eine "Märchenwelt". Das hast du doch gemerkt, als deine Lehrerin sagte: Still! Mund zu - Augen und Ohren auf! Was habt ihr plötzlich gesehen und gehört! Und wenn du mit "dem Herzen" siehst, wird alles noch erhabener, denn überall spürst du Geist. Wie viele Bäume stehen im Wald! Ist ein einziger Baum dem anderen gleich?"

"Darüber habe ich noch gar nicht nachgedacht, Apfelbaum", sagte Sven betroffen.

"Siehst du! Und jeder Baum hat auch seine eigene - nur für ihn zusammengestellte - Odmischung."

"Apfelbaum!" rief Sven überwältigt. "Das kann mein winziges Gehirn gar nicht fassen."

"Hast du nicht auch diesen wunderbaren Geruch empfunden, der den Wald durchströmte? - Alles ein Geschenk für euch Menschen!"

Sven lehnte sich in seinem Baumsessel zurück und schaute versonnen über den Garten.

"Meinst du, daß hier auch solche Helfer sind?" fragte Sven.

"Sie haben mit ihrer Arbeit aufgehört, als du kamst. Kein Wort wollen sie verpassen, was wir uns erzählen. Was glaubst du wie neugierig sie sind. Und sie fühlen sich wohl hier. Schau dich doch um in eurem Garten, es blüht und gedeiht in Hülle und Fülle. Meinst du, i c h wäre so gesund und kräftig, wenn nicht diese kleinen Wesen sich liebevoll um mich kümmern würden? Ich wünschte dir, du könntest sehen, wie eifrig dieses kleine Völkchen tätig ist. Sie lieben euch sehr."

"Haben sie denn keine Angst vor uns?" fragte Sven.

"Nein, - vor euch nicht, weil um euer Haus eine wunderbare Schwingung ist. - Besonders lustig ist unser "Alterspräsident", eine sehr altes Geistwesen, das sich gerne als Zwerg zeigt. Er feuert immer die anderen an, alles noch besser zu machen und steht ihnen mit Rat und Tat zur Seite. - Siehst du die wunderschöne Rose da drüben?" fragte der Apfelbaum. "Diese Rose pflegt er besonders, damit deine Mutter ihre Freude daran hat. Sie bleibt auch davor stehen, streichelt ihr über die Blüte und sagt ihr, daß sie die schönste Rose sei, die sie je gesehen hat. Was glaubst du, wie stolz der kleine Wicht dann ist. - Wenn das deine Mutter wüßte..."

"Apfelbaum", Sven holte tief Luft, "Apfelbaum - ich glaube, meine Mutter ahnt auch etwas von diesen Dingen. Sie sagte vor kurzem, seit sie ihr Baby erwarte, passieren Dinge, die schon bald Wunder sind. Das finde ich Spitze!"

Auch Felsen sind beseelt

Sven hüpfte über den Rasen, immer von einem Bein aufs andere. Dabei summte er im Takt: "Ich bin ja heut' so glücklich, so glücklich, so glücklich - ich bin ja heut' so glücklich..."

"Das ist ja eine schöne Begrüßung, kleiner Sven", sagte der Apfelbaum. "Darf man fragen, warum du so glücklich bist?"

Sven machte es sich in seinem Baumsessel bequem. "Das weiß ich selbst nicht", antwortete er. "Einfach so! - Das fing schon heute morgen an. Ich habe dem "Alterspräsidenten" und all den kleinen Helfern zugewinkt. Ein bissel komisch war mir schon, so einfach in die Luft zu winken, aber das war mir egal, nach all dem, was du mir gestern erzählt hast."

Das braucht dir nicht komisch zu sein. Was glaubst du, wie sich das Völkchen gefreut hat! Der "Alterspräsident" sprang sofort auf, nahm seine rote Mütze ab und verneigte sich ganz tief. Alle anderen winkten dir zu", erklärte der Apfelbaum.

"Wenn du das sagst, dann glaube ich es auch. Nun weiß ich wohl, warum ich vor lauter Winken fast zu spät in die Schule gekommen bin", erinnerte sich Sven.

"Nein, nein", widersprach der Apfelbaum, "das Gartentor klemmte. So war's doch."

"Richtig, du hast recht. D a s war ein Ding. Das klemmte. Ich hab' dran gerüttelt und gezogen, und es bewegte sich nicht einen Millimeter. Und auf einmal - klick - da sprang es wie von selber auf. Gerade als ich drüberklettern wollte."

144

"Da hat dir jemand einen Schabernack gespielt.
Ein kleiner Kobold hat es mit aller Kraft zugehalten.
Er wollte dich einfach ärgern. Plötzlich stand der
"Alterspräsident" neben dem Kleinen, packte ihn am
Schlawittchen und setzte ihn kurzerhand auf den
nächsten Baum. Sein Zetern und Greinen hallte
durch den ganzen Garten! - Aber du konntest
wenigstens in die Schule gehen."

"Das kommt mir ja wieder wie im Märchen vor,
Apfelbaum. S o war das ? Also wenn ein Gartentor
klemmt, hält es immer ein Kobold zu?" fragte Sven.

"Natürlich nicht", entgegnete der Apfelbaum.
"Meistens liegt es am Material, weil es rostig ist
oder so."

" Lebt denn ein Kobold auch im Wald und macht
dort Unsinn?" fragte Sven.

"Nicht nur Kobolde, auch andere kleine Wesen,
die dem Menschen und den Tieren schaden wollen.
Denk an deine Schule. In den Klassen sind nicht nur
brave Kinder, da gibt es auch freche - und sogar
bösartige, oder?" gab der Apfelbaum zu bedenken.

"Und was macht man mit denen?" wollte Sven
wissen.

"Die Ordnungsengel verwarnen sie, reden ihnen
ganz lieb zu und versuchen, sie von ihrem bösen
Tun abzulenken. Aber manche kommen aus den
unteren Bereichen, die sind so bösartig, daß sie
imstande sind, irgendwelchen Schaden anzurichten,
daß Mensch und Tier schwer darunter zu leiden hat.
Die werden zusammengeholt und es gibt schwere
Strafen, das kann so weit gehen, daß sie verbannt
werden", erklärte der Apfelbaum.

Sven hörte fassungslos zu. Seine Augen wurden
immer größer.

"Was , - was heißt "verbannt?" wagte er zu fragen, obwohl er ahnte, daß eine Verbannung etwas ganz Schreckliches sein mußte.

"Diese Naturgeister werden zum Beispiel in enge Felsenschluchten gesteckt, wie in ein Gefängnis hier bei uns", fuhr der Apfelbaum fort. "Dort sind sie ganz allein , können sich nur in einem kleinen Bereich bewegen und müssen warten, bis sie eines Besseren belehrt werden - bis sie geläutert, geändert sind und von selbst Gott bitten, erlöst zu werden. Denn Engel gehen immer wieder zu ihnen hin, bringen ihnen einen Lichtstrahl und fragen."

"Ich erinnere mich an die Schlucht auf unserem Ausflug. Mir wurde doch plötzlich so seltsam, so unheimlich. Könnte das so ein Verbannungsort gewesen sein?" fragte Sven.

"Schon möglich", vermutete der Apfelbaum, "könnte sein, das weiß nur Gott und die damit betrauten Engel. Alles ist nach seinem weisen Rat eingerichtet, denn auch diese Wesen sollen ja einst zu ihm zurückfinden..."

Sven sog langsam den herrlichen Duft des Apfelbaumes in sich hinein, als wolle er seinen Körper von all den schrecklichen Gedanken reinigen. Seine nächste Frage wagte er kaum zu stellen. Doch sein Wissensdurst war stärker.

"Apfelbaum", begann er vorsichtig, "wenn Naturgeister verbannt werden, - können da auch Menschengeister verbannt werden?"

Der Apfelbaum schwieg einen Moment still. Diese Frage hatte er erwartet. Behutsam strich er mit seinen Ästen Sven über den Kopf.

"Morgen", sagte er liebevoll, "morgen erzähle ich dir eine Geschichte..."

Der Poltergeist

Heute war schulfrei. Hastig aß Sven sein Frühstück. Er konnte es kaum erwarten, zu seinem Apfelbaum zu kommen. Was mag er mir nur für eine Geschichte erzählen wollen? dachte er.

"Hallo! Lieber Apfelbaum. Da bin ich wieder!" Sven setzte sich in seinen Sessel und sah gespannt in das Geäst.

"Ich freue mich, daß du heute so früh hier bist", begrüßte ihn der Apfelbaum. In den Ästen begann es zu raunen, und leise bewegte sich jedes einzelne Blatt. "Hör zu", sagte der Apfelbaum, "es ist die Geschichte eines Geizhalses, der in die Verbannung geschickt wurde."

Sven stützte seine Ellbogen auf die Knie und legte sein Kinn auf die Hände. Kein Wort wollte er verpassen.

"Es lebte einmal ein kleiner Junge", begann der Apfelbaum. "Seine Eltern waren arm und konnten ihrem Sohn nur ein geringes Taschengeld geben. Sparen machte ihm aber ganz und gar keine Freude, denn sein unbändiger Wunsch war, reich zu sein, sehr, sehr reich, um sich alles leisten zu können.

Von diesem Gedanken war er so besessen, daß er anfing, seinen Mitschülern Geld zu stehlen, nur ganz wenig, da zehn Pfennige, dort zehn Pfennige. Keiner merkte diese kleinen Beträge, und so stahl er sich eine Menge Taschengeld zusammen.

Als er erwachsen war, gründete er ein Unternehmen, also ein Geschäft, und er verstand es, auf die gleiche Weise seine Kunden zu betrügen. Sein Ziel war es, reich zu werden, wie, war ihm egal. -

Und tatsächlich. Sein Vermögen wurde immer größer, und dieses Vermögen liebte er über alles. Er baute sich ein prächtiges Haus, kaufte sich teure Bilder und echte Teppiche. Je mehr er besaß, desto geiziger wurde er.

Er heiratete und bekam zwei Söhne und eine Tochter. Als diese größer wurden, litten sie sehr unter dem Geiz des Vaters. Seine Frau ließ sich scheiden, und seine Familie brach auseinander. Das machte dem Mann nichts aus, er hatte ja sein innig geliebtes Geld.

Nun war er alt, und ein Engel, der ihn ins Jenseits begleiten sollte, klopfte bei ihm an.

Als er auf dem Sterbebett lag, war er so schwach, daß er sich nicht mehr bei ihm rühren konnte. Seine beiden Söhne und die Tochter waren bei ihm.

Sie wollten den Vater - obwohl er so lieblos im Leben war - im Sterben nicht allein lassen. Doch dem Vater schien das gar nicht so recht zu sein. Er öffnete noch einmal die Augen und flüsterte voller Haß: "Weg, mit euch. Ihr wollt nur mein Geld - Geld - Geld..."

Dann tat er einen tiefen Seufzer und ward heimgegangen.

Doch von "Heimgehen" war gar keine Rede. Sein Geist war frei von allem Materiellen und marschierte als erstes in sein kostbares Haus. Er strich mit seinen Geisthänden über die teuren Möbel, die Bilder und die Teppiche, er ging zu seinem Schreibtisch, las in seinen Wertpapieren und zählte das Geld, was noch im Safe lag. Mein - mein - mein - dachte er...

Das Erbe war an die Söhne und an die Tochter verteilt, und das Haus wollten sie verkaufen, denn keiner hatte Lust, durch das Haus an den geizigen Vater erinnert zu werden.

Als die Möbelträger kamen und alles hinaustrugen, hängte er sich an die Männer schlug ihnen auf den Kopf, zerrte an den Teppichen und Bildern und schrie wütend: "Das ist meins - meins - meins!" aber niemand konnte ihn ja hören, geschweige denn sehen. Es war die "Hölle" für den geizigen Vater - Geist.

Ein junges, liebes Ehepaar bezog das Haus. Sie renovierten es, legten neue Teppichböden und klebten neue Tapeten an die Wände. Der Geist tobte, nichts wollte er zulassen. Aber es half ihm nichts. Durch diese Menschen kam neues Od in die Räume, und der Geist mußte sich zurückziehen.

Er ging auf den Speicher. Dort standen noch einige Gegenstände, die einst ihm gehört hatten, nichts wertvolles, aber hier fühlte er sich wohler. Er war jedoch so von seiner Geldgier durchzogen, daß er anfing zu toben. Erst zaghaft, dann immer lauter begann er durch den Speicher zu rennen, warf mit Türen, schlug die Dachfenster zu, so daß die Bewohner des Hauses aufmerksam wurden.

Sie sollten Angst bekommen! - Aber sie bekamen keine Angst, denn sie wußten über Poltergeister Bescheid. *Wer* das war, der so polterte, das wußten sie nicht, aber was man dagegen tun konnte. Sie beteten für den Geist, sie meditierten, das heißt: sie gingen in die Stille und verbanden sich in Gedanken mit der göttlichen Allmacht.

Das Poltern wurde immer leiser, bis es eines Tages ganz aufhörte.

149

Was war mit dem Geist -Vater geschehen? Der Geist wurde immer schwächer, setzte sich auf eine der Kisten, die da rumstanden - weinte und seufzte aus tiefster Seele "Mein Gott was mach ich bloß." Da wurde ein Engel zu ihm geschickt ,der ihn in aller Liebe fortzuführen versuchte. Das ließ der Geist zu, - wahrscheinlich dachte er, er würde zu seinem Geld geführt werden. Aber nein! Der Engel führte ihn in eine - etwas - höhere Sphäre. Sie sah aus, wie ein dunkler Wald, wo graue Wolken nur wenig Licht durchließen.

Der Geist sah sich um, soweit man von "sehen" sprechen kann. "Was!" schrie er, "hier soll ich bleiben? Wo ist mein Geld! Wo ist mein Vermögen!"

Streng sagte der Engel: "Hier gibt es weder Vermögen, noch Geld. Hier darfst du über dein geiziges Leben nachdenken und beginnen, umzukehren."

"Nein!", schrie er. "Ich will mein Geld, mein..." Und er tobte so sehr, daß er die anderen Geistwesen aufschreckte und wie ein Rebell mit sich riß.

Dies konnte der Engel nicht zulassen. Zurück in das Reich Luzifers konnte er ihn jedoch nicht schicken, also verbannte er ihn - von Gott bevollmächtigt - an einen großen einsamen Felsen. Hier konnte er schreien und toben, hier hörte ihn niemand, noch nicht einmal mit den Geistern der Felsen konnte er sich unterhalten. Du weißt ja, daß die Steine auch belebt sind."

"Und was wurde dann aus dem Geizhals?" fragte Sven gespannt.

"Tjaa -a", sagte der Apfelbaum gedehnt, "er mußte so lange an diesem Ort bleiben, bis er seine

Fehler einsah und sich wieder hin zu Gott wandte. Dann wurde er von den Engeln abgeholt, und Gott gab ihm wieder eine Möglichkeit, durch erneute Menschwerdung seine verpatzte Prüfung zu wiederholen."

"Na", sagte Sven vergnügt, " d i e Prüfung wird er sicher mit Leichtigkeit bestehen. Denn wenn er wieder auf die Welt kommt, wird er die Finger von dem Geld lassen und nicht mehr gierig und geizig stehlen und horten."

"Das ist falsch, Sven", erklärte der Apfelbaum. "Dann wäre es ja keine Prüfung. Ein bestimmter Mensch lebt nur einmal. Wenn er wiedergeboren wird, kommt er ohne Erinnerung an sein Vorleben auf unsere Welt und unter ganz anderen, äußeren Umständen.

Sven schlug die Hände vors Gesicht.

"Apfelbaum!" - Dann ist ja auch m e i n Leben eine Prüfung..."

Im Jenseits... was nun ?

Im Apfelbaum war es still geworden. Kein Blättchen rührte sich, kein Ast bewegte sich.

Sven saß auf seinem Platz und hatte seinen Arm um einen dicken Ast gehakt. Er war so gefesselt von der Geschichte, die er gerade gehört hatte, daß er nicht fähig war, ein Wort zu sagen.

Der Apfelbaum ließ Sven in Ruhe seinen Gedanken nachhängen. - "Sag mal, Apfelbaum", begann Sven langsam, als käme er aus einem Traum. "Ist diese Geschichte wirklich wahr?"

"Ja - und nein, Sven", entgegnete der Apfelbaum. "Diese Geschichte soll für dich ein Gleichnis sein, ein Gleichnis, aus dem du erkennen sollst, was alles möglich ist. Diese Geschichte steht für Hunderttausende. Jedes Leben ist anders, jedes Sterben ist anders, jeder "Heimgang", jedes "Hinübergehen" ist anders. Das Bewußtsein, welches ein Mensch hier auf der Welt hat, nimmt er mit in die geistige Welt."

"Apfelbaum", fuhr Sven fort, "du weißt, ich glaub' dir alles, aber eines glaube ich nicht, daß alle reichen Menschen an einsame Felsen verbannt werden."

"Sven! Um Gottes Willen - nein!" rief der Apfelbaum entsetzt," sowas darfst du nicht glauben. Gott möchte ja, daß alle Menschen alles erdenklich Gute bekommen, was immer sie sich wünschen. Sie sollen reich sein, wie immer sie wollen, denn sie arbeiten ja auch dafür. Nein, so ist das nicht gemeint. Hier in unserer Geschichte geht es ja um einen Mann, der von Habsucht zerfressen wird. Es gibt wunderbare reiche Menschen, die mit vollen Händen den Armen abgeben und helfen, wo sie nur können, Not zu lindern. Aber - es gibt eben auch andere..." schloß der Apfelbaum.

"Na, dann bin ich ja beruhigt", sagte Sven erleichtert.

"Leider ist es aber so", fuhr der Apfelbaum fort, "daß viele Menschen von dieser Welt gehen und nicht wissen, daß es ein Leben nach dem irdischen Tode gibt. Und diese "Armen Seelen" irren dann herum, und wissen nicht, wie sie sich verhalten sollen. Niemanden können sie fragen, denn keiner sieht sie ja - bis auf ganz wenige Menschen, die hellsichtig sind", fügte der Apfelbaum hinzu.

"Hellsichtig?" fragte Sven, "was ist denn das?"

"Manche Menschen haben die Gabe - und das ist ein Gottesgeschenk - Geistiges zu sehen. Und die können dann natürlich auch diese armen Wesen sehen und ihnen helfen", erklärte der Apfelbaum.

"Kannst du mir davon auch ein Beispiel erzählen?" Sven war nicht zu bremsen. Für ihn war das eine neue Welt, in die er durch seinen geliebten Apfelbaum geführt wurde.

"Ja, - das kann ich", bestätigte der Apfelbaum. "Es ist keine Geschichte wie die, die ich dir gerade erzählt habe, es ist eine Geschichte, die sich vor ganz kurzer Zeit gerade zugetragen hat. - Aber,- nicht alles auf einmal. Morgen ist auch noch ein Tag", tröstete der Apfelbaum.

Gehorsam, aber mit vollem Herzen kletterte Sven vom Baum. - "Ich danke dir, lieber Apfelbaum", verabschiedete sich Sven von seinem Freund.

"Danke nicht mir, danke dem lieben Gott, daß er dir ein so offenes Herz geschenkt hat, kleiner Sven. Schlaf schön", rief er Sven noch nach.

Die verunglückten Motorradfahrer

Sven saß an seinem Schreibtisch über den Hausaufgaben. Um ihn herum lagen Bücher, Ordner, Hefte und sein Zeichenblock. Er konnte sich gar nicht richtig konzentrieren, denn er war mächtig gespannt auf die Geschichte, die der Apfelbaum erzählen wollte. Außerdem hatte er ein Problem...

Noch eine Aufgabe, und dann war es geschafft! Schnell packte er alles in seine Schultasche und rannte zu seinem Apfelbaum.

"Du bist heute so ernst", empfing ihn der Apfelbaum, als sich Sven gesetzt hatte. "Hast du Sorgen?"

"N - nein, Sorgen nicht direkt", erwiderte Sven. "Einfach ein Problem. - Miriam ist seit vier Tagen nicht mehr in der Schule gewesen. Ob sie krank ist? Frau Weiß sagt auch nichts, und fragen will ich nicht. Oder ob ich einfach mal anrufe? Bloß, - da trau ich mich nicht ganz."

"Sie wird schon wiederkommen", sagte der Apfelbaum leichthin. Aber die Stimme des Apfelbaumes klang irgendwie anders, gar nicht so leicht. Ob der Apfelbaum mehr über Miriam weiß und nicht sagen will? dachte Sven. Seltsam...

"Ich sollte dir doch eine Geschichte erzählen", lenkte der Apfelbaum ab.

Sven war ganz Ohr. Natürlich, - die Geschichte!

Wie ich dir bereits sagte, hat sich diese Geschichte erst vor ein paar Tagen ereignet."

Sven spitzte die Ohren noch mehr. Sein Herz klopfte vor Aufregung.

"Um diese Geschichte deutlich zu machen", erklärte der Apfelbaum, "muß ich ein wenig ausholen.

Sie begann vor einem Jahr. In Süddeutschland lebt ein junger Mann, der einen guten Beruf hat, ein schönes Zuhause, wo er mit seiner Familie wohnt. Trotzdem war er nicht ganz glücklich, denn er fragte sich immer wieder, welche Aufgabe er wohl in seinem Leben hätte. Der Beruf allein könnte es doch nicht sein. -

Er war gewohnt, zu meditieren, das heißt in die Stille zu gehen, um ganz nahe bei Gott zu sein.

Während einer Meditation erschien ihm sein Schutzengel, ein weiblicher Engel mit einem zarten Gesicht, blonden Locken und großen blauen Augen. Er war in ein zartrosa Gewand gekleidet.

Er stellte sich mit seinem Namen Akline vor und sagte ihm auf medialem Wege, er solle jeden Tag in die Stille gehen, eine Kerze anzünden und etwas aus der Bibel l a u t vorlesen.

Das tat er. Aber nach einem halben Jahr war nichts geschehen, was ihn auf eine Aufgabe hinwies.

Er ging wieder ins Gebet mit der Bitte um Antwort. Es ist gut, -mach so weiter, wurde ihm geantwortet. Gehorsam führte er seine - er nannte sie Bibelstunden - fort. Nach einem Jahr wollte er aufgeben, weil er keinen Erfolg zu haben schien. Da kreuzte durch "Zufall" - Zufälle gibt es ja nicht - eine hellsichtige Frau seinen Weg.

Er lernte sie bei der Heilpraktikerin kennen. Weil sie eine unwahrscheinlich liebe und vertrauenerweckende Ausstrahlung hatte erzählte er ihr sein Problem,. Sie erklärte sich bereit, mit ihm gemeinsam eine "Bibelstunde" zu machen.

Der junge Mann zündete wie üblich die Kerze an und las aus der Bibel das Gleichnis von der "Speisung der Viertausend" vor. (Mark. 8:1-10)

In diesem Moment geschah etwas Wunderbares. Die hellsichtige Frau sah den Raum vor sich, gefüllt mit vielen, vielen Menschen, die alle den Bibelworten lauschten. Und in der ersten Reihe saßen alles junge Männer, die noch ihre Motorradmontur trugen, den Sturzhelm auf den Knien. Dann kam eine junge Frau herein, noch völlig zerschunden im Gesicht, die wohl gerade durch einen Unfall ums Leben gekommen sein mußte.

In allen vier Ecken stand ein hoher Engel, und zwischen den Zuhörenden bewegten sich Engel, die liebevoll den einen oder anderen aufforderten, mitzukommen.

Auch einige der Motorradverunglückten wurden angesprochen, aber sie schüttelten den Kopf, denn sie wollten sich noch belehren lassen...

Nun wußte der junge Mann, wo seine Aufgabe lag. Dankbar, demütig und glücklich versieht er jeden Abend seine Hilfstätigkeit."

Sven war erschüttert, als der Apfelbaum geendet hatte.

"Jetzt sehe ich erstmal, wie wichtig es ist, daß wir hier auf unserer Welt auf die geistige Welt vorbereitet werden", sagte Sven. "Nur eines verstehe ich wieder nicht, Apfelbaum", wandte Sven ein. "Es sterben doch so viele Menschen, die haben doch nicht alle in so einer Wohnung Platz."

"Nein, Sven, da hast du natürlich Recht", entgegnete der Apfelbaum. "Du glaubst gar nicht wie viele, unendlich viele Zusammenkünfte von wissenden Menschen es gibt, die für die vielen unwissenden Seelen beten und ihnen helfen, indem sie ihnen liebevoll klarmachen, daß sie sich schon "Drüben" befinden und ihnen so auf den weiteren Weg weisen. Überall, - in der ganzen Welt", fügte der Apfelbaum hinzu. "Du siehst doch, schon bei uns fängt es an, oder?"

Sven mußte lachen, aber er war auch stolz. "Sven und sein Freund der Apfelbaum!" Und liebevoll streichelte er die grünen Zweige, die sich um ihn rankten.

Miriams Oma ist gestorben

Die großen Ferien rückten immer näher. Eine Großkampfzeit für Lehrer und Schüler. Die letzten Klassenarbeiten drängten, die Bundesjugendspiele standen vor der Tür, Radfahrprüfungen mußten noch abgehalten werden und vor allem - die Ausscheidungsspiele der Fußballsaison! Dafür wurde noch tüchtig trainiert. Das war für Sven das Schönste, denn er war ja ein leidenschaftlicher Fußballspieler.

Vor der Schule rannte er noch schnell zu seinem Freund.

"Apfelbäumchen!" rief er. "Sei nicht böse, aber ich habe jetzt so viel zu tun. Du fehlst mir sehr, aber ich vergeß dich nicht! Tschü-üß!"

"Ich warte, kleiner Sven", rief er ihm nach. "Ich habe Zeit - viel, viel Zeit! Meine guten Gedanken sind immer bei dir!"

Die Woche war so bewegt, daß Sven Miriam fast vergessen hätte. - Es klingelte zur ersten Stunde.

Plötzlich ging die Tür auf, und - Sven traute seinen Augen nicht - ein Mädchen betrat den Klassenraum, ein Mädchen mit kurzgeschnittenen, blonden Haaren, ihr Gesicht war wachsbleich und eingefallen, nur die großen braunen Augen hatten an Lebendigkeit nichts verloren. Miriam!

Sie setzte sich auf ihren Platz und fing sofort an, auf ihre Nachbarin einzureden.

Wieder öffnete sich die Tür, und Frau Weiß erschien.

"Guten Morgen, ihr Lieben!" begrüßte sie die Klasse. Nehmt gleich mal euer Lesebuch heraus, Seite 147."

Alles kramte und blätterte. Frau Weiß wartete, bis jeder seine Seite gefunden hatte und fuhr fort:

"Heute möchte ich euch mit einem Gedicht, nein, es ist sogar ein Lied", verbesserte sie sich, "von einem unserer größten Dichter, nämlich von Johann Wolfgang von Goethe, bekanntmachen. Es heißt: "Sah ein Knab' ein Röslein steh'n." Doch vorher wollen wir noch einiges aus seiner Jugend hören. - Ingrid, fang mal an zu lesen!"

Alle waren aufmerksam bei der Sache, nur Miriam zischelte immerfort mit ihrer Mitschülerin.

"Miriam! Lies weiter", forderte Frau Weiß die Schülerin auf. Miriam las, doch plötzlich blieb sie stecken.

"Das kann ich nicht lesen", sagte sie. "Was ist denn dies für eine Schrift? Chinesisch oder so was!"

"Nicht chinesisch oder so was", wiederholte die Lehrerin, "das ist die deutsche Sütterlin-Schrift. Zu Goethes Zeiten hat man so geschrieben, und in Museen kann man die Originale noch finden, alle in dieser Schrift. Eure Großeltern haben sie in den ersten Schuljahren noch schreiben müssen."

Den Kindern blieb fast der Mund offen stehen vor Staunen. Frau Weiß ging an die Tafel und schrieb in Sütterlinschrift verschiedene Namen der Kinder an , die sie erraten sollten. Das machte ihnen einen Heidenspaß!

"Können wir diese Schrift nicht auch lernen?" fragte Monika. "Wenn ihr das wollt", entgegnete die Lehrerin, "warum nicht!" Und sie schrieb ihnen das ABC an die Tafel und dazu das Gedicht:

159

Sah' ein Knab
ein Röslein stehn,
Röslein auf der Heiden,
war so jung und morgenschön
lief er schnell, es nah zu sehn.
Röslein, Röslein, Röslein rot,
Röslein auf der Heiden.

D a s war ein Spaß! Jeder schrieb, so gut er es
konnte. Noch war die Schrift schief und krumm,
aber die Schüler hatten trotzdem ihre Freude. Es
war für sie einfach etwas ganz Neues. Wenn
Unterricht interessant ist, vergeht die Stunde im
Fluge. So war es auch heute. Es klingelte zur
großen Pause.

Sven mußte Miriam unbedingt sprechen. Er fand
sie wieder auf der Bank hinten auf dem Schulhof.

"Hallo! Miriam!" begrüßte er sie. "Wo warst du
denn bloß so lange? Du hast fast zwei Wochen
gefehlt, und kein Mensch wußte, was mit dir los
ist."

"Laß mich in Ruhe", sagte sie wirsch, "frag' nicht
so blöde." Sven war beleidigt. Er drehte sich um
und trottete davon. Miriam hat sich irgendwie
verändert, dachte er bei sich. Er machte sich seine
Gedanken, fand aber keinen Ausweg.

Eine Woche war vergangen. Sven fand keine
Gelegenheit, mit Miriam zu sprechen. Sie ging ihm
sichtlich aus dem Wege. Aber sie war verändert.
Auch Frau Weiß hatte es bemerkt und war oft
ungehalten über Miriams Betragen. Sie schwatzte

viel, machte ihre Hausaufgaben unsauber, was bei ihr nie der Fall gewesen war, gab patzige Antworten und paßte im Unterricht nicht auf.

So war es auch heute. Die Schüler schrieben einen Sachbericht von der Tafel ab. Kein Laut, alle waren eifrig bei der Arbeit. Nur Miriam saß in ihrer Bank und las etwas, was sie unter der Bank hatte. War es ein Buch oder ein Comic-Heft?

Frau Weiß riß der Geduldsfaden. Leise ging sie zu Miriams Platz, griff unter die Bank und zog ein dickes Heft hervor. Miriam war so erschrocken, daß sie nichts sagen konnte. Frau Weiß war bitterböse, ging zu ihrem Schreibtisch und warf das Heft achtlos darauf.

"In der Pause meldest du dich bei mir", sagte sie kurz.

Und da geschah etwas Unerwartetes...

Alle Schüler waren bereits aus dem Zimmer gegangen, nur Miriam wartete auf Frau Weiß. Sven machte sich am Schrank zu schaffen. Ein bißchen war er ja neugierig, - oder wollte er Miriam beistehen?

Frau Weiß setzte sich an ihren Schreibtisch. Miriam stand daneben.

"Miriam", sagte sie tadelnd, "ich vesteh' nicht, wo du immer mit deinen Gedanken bist. Und hier", sie hielt ihr das Heft hin und blätterte es auf, "was soll..."

In diesem Moment blieb sie in ihrer Rede stecken. Ihr blieb fast der Atem stehen. In säuberlichster Schrift, wie es Frau Weiß selbst nicht hätte besser machen können, war das ganze Heft in Sütterlinschrift mit Gedichten von Ludwig Uhland, Mörike, v.Eichendorff, und auch von Goethe vollgeschrieben. Und das tat sie sogar unter der Bank in dieser unbequemen Stellung.

Frau Weiß war überwältigt von dieser Leistung.

"Miriam", sagte sie nur und gab ihr das Heft zurück, "ich weiß nicht, was ich davon halten soll. Für mich ist dies unbegreiflich. Ich werde dir für diese Arbeit eine Eins eintragen. Nur bitte ich dich, nicht gerade während des Unterrichtes zu schreiben."

Sven hatte alles mitangehört. Er war hinter Frau Weiß getreten und bewunderte ebenfalls dieses Werk. Das muß ich meinem Apfelbaum erzählen, dachte er.

Sven und Miriam gingen, zum ersten Male nach langer Zeit, wieder gemeinsam auf den Hof.

"Sven, ich muß dir was erzählen", begann Miriam zögernd, "ich, - ich hab' ein Problem..."

Sven war erstaunt. Erst wollte sie nichts von ihm wissen, nun kam sie von selbst.

"Okay", sagte Sven. "Ich schlage vor, wir gehen auf meinen Hochsitz im Apfelbaum. Da sind wir ungestört."

Miriam war sichtlich erleichtert und sagte sofort zu. Sie verabredeten sich auf den Nachmittag.

Die "Spiritistische Sitzung"

Einträchtig saßen sie auf dem Baumsessel. Sven hatte das Gefühl, daß Miriam Schwierigkeiten hatte, ein Gespräch zu beginnen. Er wollte ihr Zeit lassen.

"Guck' mal, wie die Sonne durch die Blätter fällt", fing er belanglos an. "Ich sitze gerne hier. Da ist es so schön schattig, und man kann so schön träumen."

"M-m", sagte Miriam einsilbig. In ihren Augen standen Tränen.

"Komm, sei nicht traurig", tröstete Sven. "Erzähl lieber! Ich höre ganz still zu."

Und Miriam begann, erst stockend, dann flüssiger, und plötzlich brach es aus ihr heraus:

"Sven", schluchzte sie, "die letzten Wochen waren schrecklich. Und ich hatte niemanden, mit dem ich sprechen konnte - und jetzt auch nicht, - außer dir", fügte sie hinzu.

"Na , schieß' los, Miriam!" ermunterte Sven das Mädchen.

"Na, ja, - also - vor zwei Wochen ist meine Omi gestorben. Sven, es war furchtbar. Ich habe geheult, Tag und Nacht. Sie hatte zwar gesagt, sie wird immer bei mir bleiben, - aber dann starb sie doch.

Nach der Beerdigung war ich wieder alleine, meine Mutter mußte ja arbeiten, da kümmerte sich unsere Nachbarin und ihr Sohn um mich. Mir war so elend, und ich mußte viel im Bett bleiben.

Matthias sagte eines Tages, er will mich mal zu einer "Sitzung" mitnehmen, da könnte ich vielleicht meine Omi wiedersehen. Da war ich natürlich neugierig! Und das war ja auch ganz toll."

Sven hörte gespannt zu, aber irgendwie war ihm nicht wohl zu Mute. Doch er schwieg.

"Matthias führte mich in einen dunklen Raum", erzählte Miriam weiter, "der nur mit Kerzen erleuchtet war. Um einen runden Tisch saßen schon alle, ich glaube, so acht oder neun Jungen und Mädchen. In der Mitte des Tisches lag eine Platte aus Karton, und da standen Buchstaben und Zahlen drauf und ein Glas. Matthias schaltete eine schaurige Musik an, ganz leise und mit tiefer Stimme sagte er:

"Geister - Geister! Kommt heran und antwortet auf unsere Fragen."

Dann wurde es totenstill. Jeder mußte nun seinen Finger auf das Glas halten, und Matthias stellte eine Frage.

"Ihr wißt, ich bin in der Lehre als Automechaniker. Soll ich sie abbrechen und als Verkäufer in den Großmarkt gehen?"

In dem Moment fing das Glas an auf der Platte hin und herzurutschen, wie von Geisterhand bewegt. Jeder verfolgte die Buchstaben, und da kam die Antwort:

"Ja! - Da verdienst du mehr."

Ein Mädchen fragte:

"Mein Freund Dieter gefällt mir nicht mehr. Soll ich lieber mit dem Daniel gehen?"

Das Glas begann wieder zu rutschen .

"Der Dieter ist doof. Der Daniel ist besser."

"Miriam, los! Du!" forderte Matthias. "Mir klopfte das Herz vor Angst. Ganz leise habe ich gefragt:

"Omi, bist du da?"

164

In rasender Geschwindigkeit bewegte sich das Glas. Die Buchstaben ergaben: "Ich bin immer bei dir."

Miriam sah Sven an.

"Kannst du dir vorstellen, wie mir zu Mute war? Auf der einen Seite war ich ganz glücklich, auf der anderen Seite war mir grauslich. Aber seit dieser Sitzung habe ich das Gefühl, daß meine Omi wirklich immerfort in meiner Nähe ist. Vielleicht ist sie mein Schutzengel."

"Das glaube ich nicht", warf Sven ein. Er war so erschüttert über Miriams Erzählung, daß er nicht imstande war, einen klaren Gedanken zu finden.

"Und jetzt kommt mein Problem", fuhr Miriam fort. "Ich habe auch jetzt noch das Gefühl, daß immer jemand um mich herum ist. Oft habe ich zu nichts Lust, Hausarbeiten sind mir egal, aber schreiben muß ich, immer und immerfort. Und das macht mir auch Spaß. Du siehst doch, wie schön ich die neue Schrift geschrieben habe!" sagte Miriam stolz.

"Nur eines", fügte sie zögernd hinzu, und sie holte ihr Heft mit den Gedichten in Sütterlinschrift aus der Tasche, "nur eines - und das verstehe ich nicht ganz. Das ist kein Gedicht, was ich geschrieben habe. Und was da drin steht, ist auch so komisch. - Hier", Miriam hielt Sven das Heft hin, "hier - lies mal."

Sven nahm das Heft und las halblaut vor:

Laß' mich los, -
ich liebe Dich !
Laß' mich los,

ich will ins Licht!
Erdenleben ist vorbei -
laß' mich gehen,
laß' mich frei!
Gottes Segen ist mit Dir!
Einst sagst sehen wir
uns in himmlischen Gefilden. -
Hier - mußt Du Dein Leben bilden,
ganz allein - mit Gottes Segen -
Deiner Aufgabe entgegen.

Sven gab nachdenklich Miriam das Heft zurück.
Apfelbaum, dachte er, kannst du mir nicht helfen?

Plötzlich begann ein Rauschen in dem Baum, als
wenn ein starker Wind hindurchfährt. Die Beiden
wurden hin und hergeschaukelt.

"Was ist denn los?" fragte Miriam erschrocken.
"Woher kommt denn dieser Sturm!"

"Beruhige dich", sagte Sven. "Der Apfelbaum hat
uns nur was zu sagen."

"Sven", tönte es aus dem Geäst, "was ich gerade
gehört habe, ist nicht sehr schön. Du kannst deiner
kleinen Freundin helfen, wenn du jetzt mit ihr
innigst betest. Ich halte meine Hände über euch.
Aber tue es , dringend. Sag Miriam, es sei für ihre
liebe Omi. Ich erkläre dir alles morgen."

"Warum bist du plötzlich so still geworden?"
fragte Miriam.

"Ach , nur so", antwortete Sven. "Das, was du
mir gerade erzählt hast, war ja gar nicht so einfach.

166

Du hast doch deine Omi sehr geliebt und sie dich. Wollen wir nicht für sie beten? Hier ganz nahe beim lieben Gott?" schlug Sven vor.

"Für meine Omi beten", wiederholte Miriam. "Ja, - das wäre schön."

Beide Kinder falteten die Hände und sprachen ganz innig das VATER UNSER. Plötzlich sagte Miriam unvermittelt:

"Lieber Gott, nimm meine Omi bei dir auf und laß es ihr gut gehen. Ich will auch nicht mehr um sie weinen..."

Im Apfelbaum raunte es.

"Ich habe es geahnt, Sven", sagte der Apfelbaum, und das Raunen klang liebevoll, "Miriam hat ihre Prüfung bestanden..."

"Sven und Miriam sprangen vom Baum. Sven warf seinem Apfelbaum verstohlen eine Kußhand zu, während Miriam sich auf dem Rasen drehte wie nach einer unhörbaren Musik.

"Sven", sagte sie versonnen. "Ich fühle mich herrlich! So frei, so leicht, unendlich glücklich. Ich danke dir, daß du mir zugehört hast."

Kann eine Tote schreiben ?

"Apfelbaum., ich habe wieder hunderttausend Fragen", begrüßte Sven seinen Freund. "Der gestrige Nachmittag mit Miriam geht mir nicht aus dem Kopf. Ich finde es ja toll, daß sie mir so viel erzählt hat. Da ist mir nur so vieles schleierhaft."

"Ein Schutzengel hat Miriam zu dir geführt, glaube ich", meinte der Apfelbaum." Was sie da erlebt und durchlebt hat, war schon eine schlimme Sache. Und das hätte auch ganz schön schief gehen können."

"Du sprichst wieder in Rätseln für mich, Apfelbaum. - Darf ich mal anfangen zu fragen?"

"Na, denn mal Los. Was liegt dir am meisten am Herzen?" ermunterte der Apfelbaum Sven.

"Wieso haben die da mit dem blöden Glas rumgerückt und so blöde Fragen gestellt?"

"Damit hast du schon den Kernpunkt getroffen. Was diese Jugendlichen da gemacht haben, ist eine ganz gefährliche Sache. Leider ist dies den meisten nicht richtig bewußt. Solche Zusammenkünfte nennt man "Spiritistische Sitzungen". Die gibt es in vielen Formen. Werden sie unter der Leitung von Gott geschickten Engeln geführt, ist es gut. Nur die meisten Menschen machen daraus einen Nervenkitzel, ein Spiel - so wie es dir Miriam erzählt hat."

"Und warum ist das so gefährlich?" wollte Sven wissen.

"Wenn man in diesen Sitzungen Geistwesen ruft, sind sie sofort da. Die Menschen sind ja ständig von solchen Wesen umlagert, das habe ich dir ja schon erzählt. Sie melden sich sofort, weil sie sich bemerkbar machen wollen, und dann erzählen solch einen

168

Blödsinn, wie du es ja gehört hast - und die Menschen glauben es, ach, was sage ich, sie sind sogar stolz darauf, mit der niederen Geisterwelt zu sprechen.

Eine Mitteilung eines Geistwesens in einer gottgewollten Zusammenkunft ist immer ein Lobpreis zu Gottes Ehren.

Du hattest aber gefragt", wiederholte der Apfelbaum, "warum diese niederen Sitzungen so gefährlich sind. Einfach, weil Menschen sich öffnen und das Wesen sich an ihn hängt oder gar besetzt. Man spricht dann von Besessenheit.

Außerdem ist es gefährlich", fuhr der Apfelbaum fort, "man holt Verstorbene zurück, die ihren Weg zu Gott gehen wollen und sollen.

Du hast es doch an Miriam gesehen."

"Meinst du denn , Apfelbaum", warf Sven ein, "daß die Großmutter wirklich da war?"

"Sicher", bestätigte der Apfelbaum. "Und seitdem hat sich auch Miriam verändert. Die Großmutter liebte Miriam wie ihr eigenes Kind. Und wenn man jemanden sehr liebt, beherrscht man ihn mit seiner Liebe. Umgekehrt, - Miriam ließ sich beherrschen, es war für sie angenehm. Beide konnten voneinander nicht lassen. Die Oma sah nun nach ihrem Tode die unglückliche Miriam, und das war furchtbar für sie. Als sie in der Spiritistischen Sitzung sogar gerufen wurde, war sie natürlich sofort bei ihrem unglücklichen Kind. Und das spürte Miriam. Die Oma jedoch war in ihrem Leben eine sehr fromme Frau und liebte Gott. Als nun die Engel kamen und sie wegführen wollten, konnte sie nicht, denn Miriam hielt sie ja auch fest."

169

Sven fuhr sich mit beiden Händen über das Gesicht, als wolle er etwas wegwischen.

"Apfelbaum!" sagte er und ließ seinen Atem hörbar durch die Nase ausströmen, "jetzt wird mir einiges klarer. Als Geist konnte die Oma sich nicht bemerkbar machen, also - schickte sie Miriam ein Gedicht. - Aber", Sven zog die Stirne hoch, "aber, wie kommt denn das Gedicht in Miriams Heft. Die Oma kann doch nicht mehr schreiben!"

"Doch", widersprach der Apfelbaum, "sie kann schreiben, nämlich mit Miriams Hilfe. Wenn Menschen in Not sind, ist Gottes Hilfe am Nächsten. Gott fallen die unmöglichsten Hilfen ein. Ich frage dich, Sven, wieso lehrt Frau Weiß euch eine Schrift, die in keiner Schule mehr gelehrt wird, nämlich die Sütterlinschrift, die Miriams Oma als Kind gelernt hatte. Kein Kind heute beherrscht diese Schrift- außer den Krakeln in eurer Klasse", fügte der Apfelbaum hinzu." Aber Miriam - die beherrschte diese Schrift super. Und das machte ihr ja auch Spaß. War es nun Miriam, die schrieb - oder war es die Oma?" gab der Apfelbaum zu bedenken.

Sven hatte ganz rote Ohren vor Aufregung. Eine tote Oma schreibt Gedichte! Fassungslos starrte Sven in die Zweige.

"Erzähl' bitte, bitte weiter, lieber Apfelbaum, ich platze gleich vor Neugier."

"Da ist nicht mehr viel zu erzählen", sagte der Apfelbaum. Der Geist der Großmutter benutzte Miriams Hand - und schrieb. Das tat sie so lange, bis Miriam so hervorragend schreiben konnte, wie sie selbst einmal schrieb. Nur nebenbei", - flocht der Apfelbaum ein, "der Oma machte dieses Spielchen auch Spaß! Denk ja nicht, daß die Jenseitigen

170

Trauerklöße sind, o, nein! - Doch nun war der Zeitpunkt gekommen, wo die Großmutter ihren Weg
fortsetzen wollte, und da schrieb sie dieses Gedicht.
- Eines Tages wird Miriam es begreifen, - vielleicht
sogar durch dich, Sven", setzte der Apfelbaum
hinzu.

"Und du hast das alles gewußt", sagte Sven
nachdenklich. "Deshalb sollten wir auch beten."

"Wenn man sich in Gottes Schutz begibt, kann
nichts passieren", ergänzte der Apfelbaum. "Und du
siehst, Miriam h a t l o s g e l a s s e n - erinnerst
du dich, wie glücklich sie war?"

Sven faltete die Hände.

"Lieber Gott, ich danke dir für meinen
Apfelbaum, für Miriam - und , daß es Dich gibt..."

Ist Schlender-Maxe ein reiner Engel?

Das Gartentor flog mit einem lauten Knall zu, und Sven rannte quer durch den Garten. Mit einem Sprung, wie eine Katze, hatte er seinen Baumsessel erreicht.

"Apfelbaum", berichtete er strahlend, "wir haben 6 zu 2 gewonnen. Hurra!" und er stemmte beide Fäuste in die Luft vor lauter Freude. "Und weißt du, was noch passiert ist", flüsterte er, "Herr Reinhold war heute zum ersten Mal wieder da. Er kam auf mich zu und legte mir die Hand auf die Schulter. Erst druckste er so'n bissel rum, und dann sagte er: "Ich dank' dir Sven, du hast mir sehr geholfen, damals. Und sag' deinem Schutzengel auch schönen Dank."

Ich bekam richtig eine rote Birne. Aber dann habe ich gesagt: "Das war nicht meiner, - das war ihrer." Da schüttelte er meine Schulter, aber nett, drehte sich um und ging. - Vielleicht glaubt er jetzt doch an Schutzengel?"

"Das glaube ich ganz sicher", sagte der Apfelbaum. "Aber die Geste, daß er zu dir kam, finde ich prima. Meinst du nicht, es war eine Art Entschuldigung? Wenn ein Mensch die Kraft aufbringt, eine gewisse Schuld oder einen Irrtum einzugestehen, - Sven, das zeugt von Größe."

"M- m" brummte Sven.

"Apfelbaum", fuhr Sven fort, "die Geschichte mit Miriam beschäftigt mich noch sehr. Die Großmutter ist doch jetzt in der geistigen Welt. Meinst du, daß sie eines Tages mal wiederkommt?"

"Wann weiß ich nicht, aber daß sie einmal wieder

172

inkarniert wird, glaube ich sicher. Sie will sich ja weiterentwickeln."

"Wenn ich mir das so recht überlege", sinnierte Sven, "dann muß doch jeder Mensch schon einmal auf der Erde gewesen sein und einen Geist aus einer höheren oder niederen Sphäre in sich tragen. Dann haben die netten Leute einen höheren Geist in sich und die nicht netten einen niede..."

"Halt ein, Sven!" rief der Apfelbaum entsetzt. "Du darfst so keine Menschen beurteilen! Das steht euch nicht zu, denn Gott allein kann in das Herz sehen und werten."

"Apfelbaum", sagte Sven betroffen, "du kennst doch den Schlender-Maxe. Das ist der alte Mann mit dem Bart und dem Fahrrad, der immer durch unseren Park schlendert. Ich glaube, der hat nicht mal eine Wohnung. Sein ganzes Hab und Gut schleppt er auf seinem Gepäckträger mit. Alle Leute sagen, den müßte man auf den Mond schießen, den Taugenichts. Der sollte mal lieber eine Arbeit suchen. Den habe ich mir oft angesehen. So übel ist er gar nicht. Der hat ganz liebe Augen. Meinst du, daß er auch einen guten Geist in sich mit rumträgt?"

"Das weiß ich nicht, Sven. Es kann aber möglich sein, daß gerade er eine ganz, ganz alte Seele besitzt und aus hohen Besserungsphäre stammt. Solche Geistwesen haben vielleicht nur noch eine kleine Schuld abzutragen, zum Beispiel müssen sie Demut lernen. Und gedemütigt wird ein Mensch in solch einer Lage doch wohl sehr, oder?" gab der Apfelbaum zu bedenken.

"Ich muß meine Einstellung zu Menschen wirklich umstellen, Apfelbaum", sagte Sven kleinlaut.

"Aber vielleicht ist dein Schlender - Maxe sogar ein reiner Engel, ein Geistwesen, was damals nicht mit Luzifer gegangen ist, sondern Gott treu blieb. Diese Geistwesen brauchen nicht mehr auf diese niedere Welt, - aber sie werden von Gott gesandt, um wichtige Aufgaben zum Heil der Menschen zu erfüllen."

Sven hob die Hände, als wolle er seinen Kopf festhalten.

"Apfelbaum! Richtige, echte Engel, die sich beim lieben Gott aufhalten, die können als Menschen verkleidet werden?!" stieß Sven erregt aus.

Im Apfelbaum raunte es wieder vergnügt.

"Denk doch an unseren Herrn Jesus. Wie arm kam dieses hohe Geistwesen zu uns. Wie hat man ihn verachtet und geschunden. Wie schändlich mußte er am Kreuz sterben. Und wer war er? Der Mensch Jesus. Der erstgeschaffene höchste Geist, Christus, der Herr und König der gesamten Geisterwelt Gottes, der liebste Sohn unseres Vaters im Himmel. Und schau' doch mal ins Alte Testament. Da kannst du von den Propheten lesen, zum Beispiel von Henoch oder Elia. Und denk an Maria, die Mutter von Jesu. Auch in ihr "wohnte" ein nicht gefallener Engel. Sie war nicht mit der Sünde des Abfalls von Gott befleckt. Sie wurde von Gott ausersehen, den Herrn Jesus Christus auf die Welt zu bringen.

Für manche Menschen ist sie sogar die Heiligste unter den Heiligen. Außerdem schickt Gott immer wieder Engel zu den Menschen - auch heute noch."

"Ja, davon habe ich schon gehört", bestätigte Sven. "Ganz bekannt ist ja die Erscheinung der "Mutter Gottes von Fatima"."

"Nicht nur dort, schränkte der Apfelbaum ein, "an vielen, vielen anderen Orten auch. Jeder spricht von der Mutter Gottes..."

"Apfelbaum", unterbrach Sven. "Was du sagst ist nicht richtig. Die Heilige Maria ist doch nicht die Mutter von Gott! Sie ist die Mutter, die menschliche Mutter von Jesus, er ist doch auf die Erde gekommen und nicht Gott.! - So sehe i c h das jedenfalls, oder?"

Im Apfelbaum säuselte es leise. - "Du bist ein kleiner Schatz , Sven. dir kann man wirklich nichts Unrichtiges erzählen, du paßt auf wie ein Schloßhund! - Aber", fuhr der Apfelbaum fort, "genau das hatte ich dir erklären wollen. - Doch nicht nur früher kamen die reinen Engel zu uns, auch heute. Gerade heute, denn die Welt steht vor einer geistigen Wende. Gott läßt es nicht so einfach zu, daß dieser Besserungsort zerstört wird. Der Planet Erde wird gebraucht. Wo sollen denn all die armen Wesen hin, die noch in den untersten, finstren Sphären schmachten? Nein! Gott hat seine Pläne, voller Weisheit und Güte. - Wenn bei euch im Keller Ungeziefer ist, was so viel Schaden anrichtet, daß das Haus zusammenzubrechen droht, was würden dann deine Eltern machen?" fragte der Apfelbaum.

"Na , das ist doch klar", erwiderte Sven im Brustton der Überzeugung. "Sie würden die Ärmel hochkrempeln, den Keller wieder auf Hochglanz bringen und das Ungeziefer ausrotten."

"Der liebe Gott rottet zwar nicht aus, aber er schickt Heerscharen von seinen treuen Engeln zu uns, die in den Herzen der Menschen einen Funken anzünden sollen."

175

"Aber, - wenn die Menschen sich nicht anzünden lassen?" gab Sven zu bedenken.

"Gott findet immer einen Weg", sagte der Apfelbaum nur.

Ich sehe die Welt mit anderen Augen

Wie ein Soldat bei einer Parade ging Sven im Stechschritt seinem Ziel, dem Apfelbaum, entgegen. Die Schritte waren zwar viel zu groß, aber er konnte es nicht erwarten, bei seinem Freund zu sein. Dann blieb er stehen. In der Hand hielt er ein viereckiges Etwas wie ein Tablett. Ehrwürdig verneigte er sich, und mit feierlicher Stimme sagte er: "Herr Apfelbaum, Euer Ehren, ich möchte Ihnen mitteilen, daß Sven Jacobus in die vierte Besserungsstufe versetzt ist."

"Sehr wohl," antwortete der Apfelbaum würdig, "ich begrüße ihn aufs herzlichste und freue mich über seinen Erfolg. Ich hoffe, daß er mir die Ehre erweist, sich in meine Gefilde zu begeben."

Mit einem Satz war Sven in seinem Baumsessel und lachte über seine Begrüßung.

"Euer Ehren sind doch der Größte," sagte Sven belustigt. "Ich bin zwar versetzt," fuhr er fort, "aber viel besser sind meine Zensuren auch nicht geworden. Aber was soll's !"

Sven machte eine Handbewegung als wolle er etwas wegschieben. "Ich habe bei dir so viel gelernt, Apfelbaum, das kann mir keine Schule lehren. Und weißt du", sagte er geheimnisvoll, "ich meine manchmal, meine Augen sind doppelt geworden."

"Erklärst du mir das mal genauer", bat der Apfelbaum."

"Ja! Zum Beispiel ging ich vorhin durch den Park, und weißt du wer da saß? Der Schlender-Maxe! Ich ging hin und sagte: "Guten Tag." Da lächelte er und sagte: "Guten Tag, mein Junge. Heute fangen ja die großen Ferien an. Da freuste dich wohl."

Ich habe ihn mir genau angesehen, und plötzlich dachte ich an den lieben Gott. Ich hätte ihn am liebsten streicheln mögen."

Sven machte eine Pause und hing seinen Gedanken nach. - "Auch die Blumen und Bäume im Park sehe ich ganz anders. Ich spreche sogar manchmal mit ihnen. Wenn meine Mutter mit ihren Blumen gesprochen hat, haben Paps und ich immer ein bissel gelacht, aber jetzt... - Auch die Käfer", fuhr Sven fort, "ich könnte auf keinen mehr drauftreten, im Gegenteil, ich beobachte sie und finde, daß sie ganz herrliche Farben haben. - Das hast du alles gemacht, Apfelbaum", schloß Sven.

"Es ist schon etwas Wahres dran. Wenn ihr Menschen mehr auf den anderen achtet, werdet ihr selbst reicher. Denkst du noch, was ich dir einmal sagte? "Liebe deinen Nächsten!" - ganz einfach!"

"Apfelbaum", Sven wechselte das Thema. "Eine schöne und eine traurige Mitteilung muß ich dir sagen. Mit was soll ich anfangen? Gut oder schlecht?" fragte Sven verschmitzt.

"M-m-m-m", brummte der Apfelbaum, "na - fang mal mit der guten an."

"Übermorgen fahren wir in Urlaub. Diesmal ans Meer. Ich freu' mich schon riesig! Und die schlechte Nachricht ist, daß ich dich sehr vermissen werde, weil ich mich sechs Wochen nicht mehr mit dir unterhalten kann. Und das find ich traurig."

"Was sind sechs Wochen, Sven, die vergehen auch", tröstete der Apfelbaum. "Du weißt ja, ich bin immer für dich da, - sofort - wenn du an mich denkst. Ist das nicht schön?" sagte der Apfelbaum.

Sven und sein Schutzengel

Die sechs Wochen waren wirklich schnell vergangen, fast zu schnell. Die Schule hatte längst wieder begonnen, und der Alltag war eingekehrt.

Der Herbst war bereits eifrig an der Arbeit und malte mit seinem großen Pinsel die Blätter gelb und rot.

Im Hause Jacobus herrschte schon eine freudige Erwartungsstimmung. Bald sollte ein neuer Erdenbürger einziehen. Sven verfolgte die Vorbereitungen seiner Mutter sehr genau, denn auch er erwartete mit Spannung das große Ereignis.

Sven saß bei seinen Hausaufgaben im Wohnzimmer. Immer wieder sah er zum Telefon. Ob Mum bald anrufen wird?

In diesem Moment klingelte es. Sven riß den Hörer hoch. Während er in die Muschel lauschte, wurden seine Wangen immer röter, sie glühten wie Apfelbäckchen.

Dann legte er hastig den Hörer auf und rannte wie vom Flitzebogen abgeschossen durch die Haustür in den Garten.

"Apfelbäumchen! Apfelbaum!" schrie er aus vollem Halse. "Apfelbaum! Wir haben ein Christinchen bekommen! Ein kleines Christinchen!"

Und als er am Apfelbaum angekommen war, blieb er wie angewurzelt stehen. Vor dem Baum lag ein riesengroßer, goldgelber Apfel mit roten Backen. Behutsam hob er ihn auf und drehte ihn in seinen Händen. Er sah zu seinem Apfelbaum hoch und flüsterte: "Danke, lieber Apfelbaum. Das ist ein Geschenk für unser Christinchen."

179

Er setzte sich ins Gras, zog das T-Shirt aus seiner Hose und begann damit andächtig den Apfel zu polieren. Immer wieder hauchte er ihn an und putzte ihn blanker und blanker. Zum Schluß glänzte er so, daß Sven meinte, der Apfel wäre von einem Heiligenschein umgeben..

"Apfelbaum", sagte Sven, und er schaute glückserfüllt in das Geäst, ich würde so gerne mit dir zusammen beten. Der liebe Gott hat uns doch gerade ein Kind geschickt."

Im Baum begann es zu rauschen, ganz zart und sanft, und es klang wie eine überirdische Melodie.

Sven legte den Apfel neben sich ins Gras und faltete seine Hände. Dann begann er ganz laut zu beten:

"Lieber Gott, ich danke dir von ganzem, ganzem Herzen , daß du uns ein Christinchen geschickt hast. Behüte und beschütze es, - und Mum und Paps natürlich auch, - und laß es groß und stark werden, damit es alle Aufgaben, die du ihr schickst, richtig macht. Und schick ihr auch einen lieben Schutzengel mit. Amen."

Plötzlich begann Sven zu weinen, immer heftiger und heftiger, und der kleine Körper wurde geschüttelt vor Weinen und Schluchzen, und Sven wußte nicht warum. Es war auch nicht unangenehm, nein - sogar wohltuend, als würde alles Schwere fortgeschwemmt.

Durch die Tränen sah er zu seinem Apfelbaum. Um ihn herum bildete sich ein goldener Kranz, der sich ganz langsam in das Innere des Baumes zog und alle Äste und Blätter erfüllte. Und plötzlich weitete sich der Blick, und Sven sah eine unendlich große Wiese, die nie enden wollte. Und der Apfel-

baum vor ihm löste sich auf in Schleier und formte sich zu einer Gestalt in einem hellschimmernden Gewand, wunderschön anzusehen, mit einem marmorweißen Gesicht, welches eine unendliche Güte ausstrahlte.

Der Engel kam auf Sven zu, hob ihn auf seine Arme, so wie eine Mutter ihr kleines Kind auf die Arme nimmt, und drückte ihn an seine Brust. Sven lehnte seinen Kopf an die Schulter des Engels und spürte ein Gefühl voller Liebe und Geborgenheit.

"Apfelbäumchen", flüsterte Sven. "Du weißt gar nicht, wie sehr ich dich lieb habe."

Sven öffnete seine Augen. Wie aus tiefem Schlaf erwacht, schaute er sich um. Er saß auf seinem Baumsessel, ein starker Ast, den er noch nie bemerkt hatte, war gleich einem schützenden Arm um seine Schulter gelegt, und in seinem Schoß lag - der goldgelbe, rotbäckige Apfel mit dem glänzenden Schein...

ICH LEGE ALLES

HERR

IN DEINE HÄNDE

UND WEISS

DASS DU MIR GIBST

WAS MIR BESTIMMT

DASS DU MICH LEITEST

AUF DEN WEIT 'REN WEGEN

UND MICH

IN DEINE LIEBE HÜLLST.

I.G./ 89

Literatur

Menge, Hermann (1949/84) *Die Heilige Schrift des Alten und Neuen Testaments.*
Stuttgart: Deutsche Bibelgesellschaft

Greber, Johannes (1991): *Der Verkehr mit der Geisterwelt Gottes seine Gesetze und sein Zweck*
New Jersey : J. Greber Foundation

Hawken, Paul (1980) *Der Zauber von Findhorn*
ro - ro - ro Verlag

White Eagle: (4.Auflage 1986) *Naturgeister und Engel*
Aquamarin Verlag

Meditationswoche (MEWO) 1981 > *Dein Reich komme* <
Geistige Loge Zürich

"Die verunglückten Motorradfahrer"
Wahre Begebenheit nach einem Bericht der Heilpraktikerin Angelika v. F.   - München -

Begriffserklärungen

Äther	Bezeichnung für einen feinstofflichen Körper, einen höheren vergeistigten Zustand der Materie
Ätherleib	Eine geistige Hülle, die je nach Verfassung des Menschen in verschiedenen Farben strahlen kann. Auch Aura genannt.
Chakren oder Chakras	Energiequellen in unserem Körper, die man sich als strahlende Räder vorstellen kann.
Dämon	Geistwesen aus der geistigen Welt Satans oder von Menschen geschaffene Elemental wesen.
Elementale	Positive oder negative von Menschen "geistig erschaffene Gedankenwesen, die uns Menschen beeinflussen, wie z.B. die Macht der Gewohnheit."
Element	Urstoff, Grundbestandteil, Naturgewalt, die 4 Elemente: Erde, Wasser, Feuer, und Luft.
elementar	hier: mit der Natur verbunden
Geister	Unsichtbare Wesen der jenseitigen Welt ; Engel, Dämonen, hohe Geister, niedere Geister, auch in unserem Menschenkörper ist das eigentliche "Ich" ein Geist.
Gespenster	Verstorbene "Erdgebundene" die ihren Weg im geistigen Reich nicht gehen wollen, oder noch nicht können, die gelernt haben in die Materielle Welt wieder eingreifen zu können und auch als "Spuk" bezeichnet werden.
Gläserrücken	Nicht zu empfehlende Methode, mit Geistern in Kontakt zu kommen, da für uns gefährliche Verbindung mit niederen Geistern, die hierbei Odkraft der kontaktsuchenden Menschen gebrauchen, aber nicht mehr ersetzen, wie das z. B. die Engel tun.

Hand auflegen	Durch unsere Hände können, entsprechend unserer Verbindung zu Gott, geistige Heilkräfte fließen, die je nach Glaubensstärke des Hilfesuchenden großartige Heilungen ermöglichen.
Heimgang	Sterben, von der Diesseitigen Welt in die Jenseitige Welt gehen, man sagt : zu Gott heimgehen
Hellfühlen	Geistige Schwingungen können von medialen Menschen erfühlt werden.
Hellsehen	Es gibt Menschen, die geistige Dinge und Personen sehen können, sie sind "hellsichtig" und werden auch Hellseher genannt. Nicht mit "Wahrsagern" zu verwechseln
Hölle	geistiger Verbannungsort, der beim Engelsturz abgefallenen Geister.
Hülle	irdische oder materielle Hülle ist unser Körper
Hülle und Fülle	Vielfalt, reichlich, im Überfluß
Intelligenz	Klugheit, hier: lebendes Wesen ohne festen Körper, jedoch denkend und fühlend.
irdisch	alles was mit unserer materiellen Welt zusammenhängt
Jenseits	Gegenteil von Diesseits, die geistige Welt
Kontakt	Berührung, Verbindung
Kulturkreis	Lebensweise, Gedankenwelt und Rituale eines Volkes
Materie	Verdichtetes Od - materielle Schöpfung materiell: körperlich, stofflich, sachlich, greifbar, sichtbar , mit unseren 5 Sinnen erfaßbar.
Materialismus	Die Lehre über die Materie, als dem Anfang aller Dinge und deren Gesetze.
Materialisation	geistige Gegenstände oder Wesen, die durch Odverdichtung für Menschen sichtbar werden. - Entgegengesetzt zur Dematerialisation.

medial	feinfühlig, mediale Menschen können mit Geistwesen in Verbindung treten.
Medium	lat.: Mitte, ist Mittelsmann oder Mittler zwischen dem Diesseits und dem Jenseits, Medien haben die Fähigkeit, in die geistige Welt hineinzufühlen und somit Kontakt herzustellen mit Jenseitigen Wesen.
Od	feinstoffliche, geistige Substanz, die in aller Materie vorhanden ist.
Physik	Naturwissenschaft, die mit mathematischen Mitteln Grundgesetze der Natur untersucht
physisch	in der Natur begründet, natürlich, körperlich
Planet	Stern, Weltkörper
Poltergeist	Siehe Gespenster
Reinkar-nation	lat.: Wiedergeburt, Wiederverkörperung. Der Mensch geht nach seinem Tod in einen geistigen Bereich hinüber. Je nach seinen guten oder schlechten Taten auf seinen geistigen Stand abgestimmt. Eine Wiedergeburt als Mensch ist möglich, jedoch ohne Rückerinnerung und nicht als dieselbe "menschliche Persönlichkeit"
Schutzengel	geistige Wesen, von Gott zu uns geschickt, um uns zu helfen den Weg zurück zu Gott zu finden. Jeder Mensch hat mindestens einen Schutzengel
skeptisch	ungläubig, zweifelnd
Sphäre	Wirkungskreis, Machtbereich, geistige Ebene
Sitzung	Zusammenkunft
spritistische Sitzung	Eine Zusammenkunft, bei der mit Geistwesen Kontakt aufgenommen wird. Hier: Gläserrücken. WARNUNG: Eine solche Sitzung, die aus Neugierde und Sensationslust oder anderen selbstsüchtigen Beweggründen abgehalten wird, ist nicht im Sinne Gottes . Man fügt sich damit geistigen Schaden zu.

Spiritismus	oft schwarze Magie, Jenseitskontakt auf niedrigem geistigen Niveau.
spirituell	geistig
Spiritualismus	die Lehre über Gott (geistiges Wesen - lat. Spiritus) der Ursprung allen Seins, der geistigen Schöpfung und der geistigen Gesetze. - Im Gegensatz zum Materialismus.
Sütterlin-schrift	Deutsche Schrift, von Herrn Sütterlin erfunden
Vision	eine Erscheinung geistiger Art
Wahrsager	Mediale Menschen, die für Geld mit Geistwesen in Verbindung treten und dem Befrager Auskunft geben. WARNUNG: Von Gott ist dieser Jenseitskontakt ausdrücklich verboten

ÜBER DIE AUTORIN

Ingeburg Graf, geboren am 6.September 1925 in Breslau, Mutter von zwei Söhnen, wurde bereits in ihrer Jugend von ihrem Vater, der spirituelles Wissen besaß, stark geprägt.

Auf der Flucht aus Schlesien hatte sie einen visionären Traum, der ihr ein gläubiges Vertrauen des Beschütztseins vermittelte. Es geschahen Dinge, die an Wunder grenzten: In der Nähe von Dresden wurde sie als DRK - Schwester in ein Jugend- und Altenheim geschickt und fand dort ihre geliebte Pflegemutter, im Rollstuhl sitzend, wieder, die sie bereits verloren geglaubt hatte.

Ihr Weg führte sie nach Berlin, wo eine Freundin für sie ein Zimmer gemietet hatte, ohne zu wissen, daß die Vermieterin ihre Tante aus Breslau war, die sie Jahre gesucht hatte.

In Berlin studierte sie Pädagogik und Kinderpsychologie, ihre weiteren Interessen galten der Literatur und der Malerei.

Sie heiratete und arbeitete als Lehrerin in Berlin-Wilmersdorf und Spandau. Als Redakteurin gab sie die Zeitung für den Porsche-Club Berlin heraus, in dem sie auch aktives Mitglied war.

Über die Schulen Waldbronn und Bühlertal erreichte sie endlich ihr Ziel Baden -Baden. 1978 gründete sie "Exlibris-Treffpunkt literarisch tätiger Menschen".

Das Buch von Pfarrer Johannes Greber: "Der Verkehr mit der Geisterwelt Gottes" führte sie zu der Urchristlichen Kirche. Von da an begann eine gezielte Vertiefung ihres geistigen Weges.

Nach ihrer Pensionierung rief sie den "Arbeitskreis für geistige Fragen" ins Leben.

Jetzt betätigt sie sich im literarischen, geistigen und sozialen Bereich. Die Weitergabe geistiger Erfahrungen, war ihr lebenslang ein Herzensanliegen. So entstand auch einem inneren Drang folgend das vorliegende Buch.

Hallo - liebe Kids,

wenn ihr dieses Buch aufmerksam gelesen habt, werden sich vielleicht noch einige Fragen in euren Herzen auftun. - Kommt zu mir! Setzt euch mit Sven in seinen Baumsessel und hört gut zu. In meinem nächsten Buch werden all eure Fragen beantwortet.

Also fragt - und schreibt eure Probleme

"An den Apfelbaum"
Maximilianstr. 87
D- 76534 Baden-Baden

Gott segne Euch!
Euer Apfelbaum